सतरंगी मोती - मेरी काव्य यात्रा

ज़िंदगी के एहसासों से पिरोए शब्दों की माला

प्रेमराज सिंह त्यागी

अंतर्वस्तु

"शिक्षा" - सुखी जीवन का आधार

"शिक्षा" हर इंसान के जीवन पथ को करती है पुरी तरह प्रकाशित,

उसमें उसकी उन्नति, समृद्धि, खुशहाली और विकास होता है समाहित।

माना कि जीवन संघर्ष से भरी एक सतत चलती है जबरदस्त कठिन जंग,

"शिक्षा" इंसान की सोच को तराशकर, उसके जीवन में भर देती है खुशियों के रंग।

शिक्षा खोलती है सुख समृद्धि, खुशियों और मान सम्मान का द्वार,

इंसान के जीवन में जल जाती है जगमग ज्योति और आ जाती है वसंत बहार।

वह हमारे भविष्य की मशाल है वह जीवन पथ को कर देती है ज्योतिर्मय जगमग,

भविष्य को प्रदान करती है अच्छी सुरक्षा, दिखाती से समाज मे सबसे अलग।

जीवन पथ से अज्ञानता रूपी अंधेरे को करती है पूरी तरह दूर,

पढ़ लिखकर, इंसान सबसे पाता है प्रेम, आदर सत्कार और सम्मान भरपूर।

शिक्षा हमारे व्यक्तित्व को आकर्षक बना, उसमें चार चांद लगाती है,

अच्छी तरह शिक्षित इंसान के विकसित जीवन के, दुनियां हर जगह गुण गाती है

इंसान पुस्तकीय ज्ञान से अपनी बुद्धि और तार्किक शक्ति को बढ़ाता है,

बुद्धि बल और ज्ञान शक्ति से फिर वह समाज में सही व्यवहार कर पाता है।

शिक्षा इंसान को अच्छे बुरे पथ और सद्कर्म और दुष्कर्म का कराती है बोध,

इंसान गूढ़ विषयों को गहरे से जान समझकर, उन पर करता है अनेक शोध।

बिन शिक्षा के इंसान का जीवन बिल्कुल अंधकारमय और अधूरा है,

शिक्षा ही सुखी जीवन की आधारशिला, शिक्षा पाकर जीवन होता पूरा है।

हम में से हर एक संकल्प लेकर, सबको शिक्षित करने चलाये अभियान,

सबको शिक्षा मिलना जरूरी है ताकि मिले उन्हें सुखी जीवन और सर्वत्र मान सम्मान।

शिक्षित कर सबको, लाना होगा समाज मे खुशहाली, आत्मनिर्भरता और आमूलचूल परिवर्तन,

शिक्षा पाकर हर कोई बनाये विकसित सतरँगी जीवन और खुश रखे अपना तन मन।

सामान्य शिक्षा के साथ साथ युवक युवतियों को दिया जाना जरूरी है व्यावसायिक प्रशिक्षण,

इस प्रशिक्षण को पाकर, वे बनेंगे कुशल निपुण, लेंगे वे स्वंय धनोपार्जन करने का प्रण।

प्रौढ़ लोग जो अभी तक हैं अशिक्षित, सिखलाना जरूरी है करना उनको अपने सही हस्ताक्षर,

उनके जीवन में वह बहुत काम आएगा, अंगूठा लगाए बिन, बहुत खुश होंगे वे करके अपने हस्ताक्षर।

बालक, बालिका हो या फिर प्रौढ़ सबको समुचित शिक्षा देने का चलायें हम अभियान- जन जागरण,

तभी हो सकेगा सभी के जीवन में व्याप्त अंधेरे, दुःखो और मुश्किलों का पूरी तरह हरण।

- प्रेमराज सिंह त्यागी

* * * * *

निंदा बनाम आलोचना

"निंदा", पूर्वाग्रह, ईर्ष्या, बदले की भावना, दुर्विचारों और अहंकार से होती है पूरी तरह सराबोर,

निंदक, किसी के सद्गुणों और अच्छाइयों को भी अवगुण बता, पाप करता है अक्षम्य घोर।

निंदा करने वाले इंसान का मन मस्तिष्क, पूरी तरह दुर्भाव और ईर्ष्या से होता है भरा,

वह कभी किसी का भला देखना ही नहीं चाहता, रहता है दूसरे की सफलता से डरा डरा।

निंदा करने वाला हमेशा दूसरों की सर्वत्र निंदा कर, करता है उनको हर जगह बदनाम,

वह हर कोशिश करता है कि बिगड़ जायें दुसरो के बनते हुए भी सारे बने हुए काम।

निंदा करना वाकई घोर निंदनीय दुष्कृत्य है, जबकि किसी की करना आलोचना निहायत है ज़रूरी।

आलोचना में कोई पूर्वाग्रह, दुर्भाव या ईर्ष्या नही होती, वह सच्ची समीक्षा की होती है मुख्य धुरी।

वह केकई ही थी जिसकी निंदा, दुर्भाव और ईर्ष्या के कारण श्री राम जी को वनवास मिला,

फिर क्या, फिर तो सब बदले घटना चक्र के कारण, दशरथ परिवार का सारा स्तंभ हिला।

मंथरा ने केकई के कानो में विष घोल,

मर्यादा पुरुषोत्तम श्री रामजी का नसीब को तोड़ मरोड़ दिया।

भगवान श्री राम जी का होना था राज्याभिषेक, 14 साल वनवास की ओर उनका मुख मोड़ दिया।

वह तो बड़े भाई श्रीराम के प्रति प्रेम आदर से भरा, भाई भरत ही था,

जिसने अपनी मां केकई का कहना नहीं माना

अपनी माँ की गलत इच्छा के विरुद्ध क्रोधित हो,

श्री राम की खड़ाऊ, से राज्य का संचालन करना ही माना।

निंदा करने वाले लोग, ईर्ष्या और स्वार्थ से भरकर, बस हमेशा दूसरों की निंदा करते रह जाते हैं,

संस्कारित, ईमानदार और मेहनती इंसान अपना कर्तव्य धर्म निभा,

सदा सफलता और खुशियां पाते हैं।

खून पसीना एक कर, पसीने से तरबतर हो जो इंसान ईमानदारी से अपना भविष्य चमकाते है,

उनके लिये निंदा कुछ नही होती, वे तो बस आलोचना को सही समझ, खुद को प्रगति पथ पर पाते हैं।

कोई किसी की निंदा करने में क्यो करता है स्वार्थवश, अपना कीमती समय और ऊर्जा बर्बाद,

दिनरात दूसरों की निंदा करते रहने से, वह खुद का करता है भारी नुकसान, वह इस बात का रखे हमेशा ध्यान।

- प्रेमराज सिंह त्यागी

* * * * *

स्वच्छता

महापुरुष कहते हैं "स्वच्छता" निरोगी रहने और सुखद जीवन की सबसे पहली है सीढ़ी,

हर जगह को साफ सुथरा रखने का संकल्प ले, यह और भावी नागरिक बनने वाली पीढ़ी।

"स्वच्छता" होती है सबको अधिक प्रिय और स्वच्छ स्थान पर ही भगवान करते हैं वास,

सब रहते हैं सुखी स्वस्थ और सबको खुलकर अच्छी आती है सांस।

सूखे गीले कचरे को कोई बेतरतीब तरीके से ना फेंके, हमेशा समुचित कचरे दान में ही डाले,

जहाँ तहाँ फैला खुला कचरा फैलाता है दुर्गंध, ऐसा करके किसी को मुसीबत में न डालें।

खुले में शौच और पेशाब करना मतलब व्याधियों को देना होता खुला निमंत्रण,

हमेशा शौचालयों का प्रयोग करें, जिससे बीमारियों और वायु प्रदूषण पर हो सके कुछ नियंत्रण।

घर दुकान ऑफिस और उद्योगों से निकले कचरे, व्यर्थ पदार्थों का
समुचित रूप में करना जरूरी है निस्तारण,

तभी वातावरण रहेगा स्वच्छ साफ और गंदगी बीमारियों का काफी
हद तक का हो सकेगा हरण।

घर घेर, ऑफिस स्कूलों दुकानों आदि में समय समय पर चलाना
चाहिए सफ़ाई अभियान,

ऐसा करने से सफल होगा राष्ट्र व्यापी"स्वच्छता अभियान" और
देश बनेगा निरोगी, महान।

हम सब समय समय घर ऑफिस, स्कूलों और कार्य स्थलों आदि
को तो कर ही लेते हैं अच्छी तरह साफ,

उससे कहीं अधिक दिल दिमाग मे भरे कचरे ईर्ष्या अहंकार और
दुर्विचारों को भी करना जरूरी है साफ।

"तन मन, वसन और हवन" चारों को बहुत सुंदर और स्वस्थ रखना
निहायत ही जरूरी है,

स्वच्छता ही हमारे सुख शांति और आनन्द से चलने वाली जीवन
की गाड़ी की मुख्य धुरी है।

स्कूलों, ऑफिसों कार्य स्थलों और जनता में स्वच्छता के बारे में
बड़े पैमाने पर जन जागृति फैलाये,

हर शहर, गांव, कस्बो और मोहल्लों में स्वच्छता अभियान को
सफल बनाने में अपनी पूरी मेहनत लगाएं।

- प्रेमराज सिंह त्यागी

* * * * *

संघर्ष

जीवन है एक रंगमंच, इस रंगमंच पर ईश्वर द्वारा प्रदत्त भूमिका सबको निभानी है,

जीवन खुद में छिपाए है अनेक मर्म, यहाँ पल पल बदलती कहानी हैं।

जीवन पथ पर आगे बढ़ने के लिये सबको करना पड़ता है नित कठिन संघर्ष,

उठो चलो, आगे बढ़ो, कड़ी मेहनत बाद मिलना निश्चित है सभी को आनँद और हर्ष।

लेकर दृढ़ संकल्प, जीत को अपना ध्येय बना लो, पराजय का नहीं होता है कोई विकल्प

जीत का कोई जादूई मंत्र नहीं, करनी पड़ती है सबको मेहनत, किसी को ज्यादा, किसी को अल्प।

निराशा, आलस्य, ईर्ष्या और अहंकार को छोड़ तुम,

अथक रूप से रहो परिश्रम करो सार्थक,

इंसान की ईमानदारी और समर्पित भाव से से की गई मेहनत कभी भी नहीं जाती है व्यर्थ।

सुख दुख, हार जीत जीवन के अभिन्न हिस्सा हैं, संघर्ष बिना जीवन का कोई अर्थ नही होता।

जो इंसान तन मन धन और दिल से करता है सच्ची मेहनत, वह एक ना एक दिन सफल अवश्य होता।

वक्त जरूर लगता है अपने लक्ष्य को पाने में, इंसान की कड़ी मेहनत जरूर दिखाती अपना खुशनुमा रंग,

मत भूलो, जीवन कोई फूलों की सेज नही, शूलों पर हंसकर चलना पड़ता है, जीतने को जीवन की जंग।

वह दृढ़ संकल्प, लगन और निश्चय ही ही है जो जीवन का सफल पथ करता है प्रशस्त,

पत्थरो को चीरकर कल कल नित सुंदर झरना बहता और रहता है हमेशा मस्त।

चींटी दीवार पर चढ़ती है, कई बार नीचे फिसलती है, पर वह बार बार चढ़ने का करती रहती है निरंतर प्रयास,

इंसान उस चींटी से भी सीखे, हार मिलने पर हार मत जाओ, मत छोड़ो कभी जीतने की आस।

कौन है जो कभी हारा ही नहीं, गिरते हैं बार बार, घुड़सवार मैदान ए जंग में,

पर वे जो उठकर फिर से घोड़े पर चढ़तें हैं, रंगे रहते हैं सदा विजय भाव के रंग में।

दिल में सच्चा और पक्का ध्येय रख, आसमानी सफलता पाने की अगर इंसान ने ठानी है

एक दिन सफलता जरूर मिलेगी, बस उसको उसे पाने की दृढ़ इच्छा शक्ति जगानी है।

नदी कहाँ किसी से करती है शिकायत, ऊंचे नीचे, कठिन मार्ग का,
वह तो मस्ती में चूर, कल कल करती सतत बहती है,

होंसला बुलंद कर, धैर्यता से सतत बढ़ते चलो अपने जीवन पथ
पर, नदी सबसे यही तो कहती है।

भगवान श्री रामजी, माता सीता ने भी 14 साल के वनवास को,
मर्यादा धैर्यता से खुशी खुशी निभाया था,

इंसान के जीवन में कब क्या घटित हो जाये, कौन जानता है, पर
जो भी आये उसे मर्यादा में रहकर सहर्ष निभाते चलो, उन्होंने यही
तो बतलाया था।

जीवन, धूप-छांव, हार-जीत और सुख-दुःख से मिलकर बना है, तभी
तो वह कहलाता है संघर्ष,

जो इंसान हार नहीं मानते, हार मिलने पर भी हर हाल में संतुलन
बना, चलते रहते हैं, वे ही पाते हैं अपना लक्ष्य सहर्ष।

- प्रेमराज सिंह त्यागी

* * * * *

05

"समय की कीमत"

"समय" कभी किसी के लिये, एक पल के लिये भी नहीं रुकता है,

बड़े से बड़ा व्यक्ति भी, उसकी बड़ी ताकत के आगे झुकता है।

समय होता है अत्यधिक महत्वपूर्ण, शक्तिशाली और महान,

जो वक्त को करते बर्बाद, वक्त उनका करता है अपमान।

वक्त के साथ हमेशा कदम से कदम मिलाकर, चलने में ही है भलाई,

जो नहीं करते वक्त की इज्ज़त, उन्हें मिलते है आगे कुँआ और पीछे खाई।

वक्त की सही कीमत जो इंसान अच्छी तरह जानता है,

वक्त भी उसे अपना सच्चा साथी हमेशा मानता है।

गया वक्त फिर कभी भी किसी के हाथ नही आता है,

इंसान, सही वक्त के निकल जाने पर बहुत अधिक पछताता है।

पल पल बीतता वक्त शनैः शनैः घण्टो दिनों महीनो और सालों में बीत जाता है,

वक्त की कीमत जाने बिना, जीवन में इंसान कुछ भी हाथ नही आता है।

धरती, सूरज, चंद्र और तारे सारी कायनात भी समय का पालन नियमबद्ध तरीके से करते हैं,

उनके नियमित रूप से गतिमान होने से ही, हम सब, सारी ऋतुएं, मौसम, पेड़पौधे भी, खुद में ऊर्जा भरते हैं।

जो इंसान करता है आलस्य के कारण, जानबूझकर, वक़्त के नियमो का पूरी तरह उल्लंघन,

उसका जीना हो जाता मुश्किल, मिलती है हमेशा हार, असफलता और होती है अनबन।

जो इंसान सजग रहकर, समयबद्ध तरीके से करता है मेहनत से अपने सारे काम,

उसकी जीवन बगिया में आ जाती वसंत बहार और हो जाता है उसका बड़ा नाम।

वक्त की कीमत, महत्व को भूल, जो इंसान करता है जानबूझकर वक्त को हमेशा जाया,

महापुरुष कहते है आलसी और गैरजिम्मेदार व्यक्ति के जीवन में कभी किसी खुशी सफलता का पल नहीं आया।

समय के महत्व को पहचान, जो इंसान करते है नियमित दिनरात अथक मेहनत,

उनको मिलता है सामाजिक मान सम्मान और दुनियां होती है उनके आगे नत।

वक्त होता अत्यधिक सशक्त, सही वक्त पर ही करता सब कुछ सही सही व्यक्त,

इसलिए वक्त का करो हमेशा सदुपयोग, अन्यथा खुशियों और सफलता को करना पड़ जायेगा परित्यक्त।

समय की कीमत को पहचान, कर कार्य करना, खोलता है उमंग, उत्साह, उल्लास और सफलता के द्वार,

तभी इंसान की मिलती है सफलता, सर्वत्र मान सम्मान और सर्वाधिक प्यार।

वह सशक्त महान वक्त ही तो है जो इंसान को "फर्श से अर्श" पर ऊंचा ले जाता है,

जो वक्त को समझता है छोटा, महत्वहीन, वक्त उसे अविलंब, "अर्श से फर्श" पर खींच ले आता है।

"वक्त" को कभी कमजोर और छोटा न मान, उसे हमेशा बड़ा और महत्वपूर्ण मानो,

जीवन में अगर खुशियां और सफलता पानी है तो वक्त की कीमत अच्छी तरह पहचानों।

- प्रेमराज सिंह त्यागी

* * * * *

06

सागर-एक विशिष्ट अनुभव

(गहरे समुद्र के अंदर ONGC MUMBAI प्लेटफार्म, तेल गैस कुएं, मुंबई पर सुरक्षा ड्यूटी के दौरान लिखी गई कविता)

सागर की लहरों से उपजी कल कल ध्वनि सुहानी,

मानों उनकी यही जिंदगी, आकर है चली जानी।

व्योम तले सिंधु ने पूर्ण स्वराज पाया,

सागर से तुलना करके, बादल भी शर्माया।

छोटी छोटी अनुपम नौका, सागर में, ऊपर नीचे होती,

निशाकाल में, जलती उन पर, सुंदर स्वर्णिम ज्योति।

सागर में जलपोतों ने भी, पूर्ण प्रभुत्व जमाया,

विज्ञान के नए कदम ने, सभी को है चौंकाया।

चमचमाती सुंदर मछली, उछल कूद लगाती,

देख उसकी छवि निराली, मन को है भा जाती।

यदा कदा पक्षी का आना, मनमोहक बन जाता,

उड़ना उसका नीलगगन में, रोमांचित कर जाता।

डूबते सूरज की जब रश्मि, सागर पर पड़ जाती,

लगता मानों, स्वर्ण बना जल, स्थिर दृष्टि गड़ जाती।

नभांक से तारे चन्द्र, जब अपनी रश्मि फैलाते,

लगता मानों, सिंधु में, चांदी से बिखरा जाते।

ओ.एन. जी. सी. ने सागर में, अनेक तेल कुएं बनाये,

आत्मनिर्भर बनता भारत, स्व चिंता दूर भगाए।

खुले गगन में हेलीकॉप्टर ने, जो ऊंची उड़ान भरी,

लगता मानों सागर ऊपर, उड़ रही सुंदर परी।

चौदह दिन ऑन ऑफ़ पैटर्न पर, हम सब मुस्तैदी से ड्यूटी करते,

दिन रात सतर्क रहकर ओ एन जी सी के मैन और मैटीरियल की

पूरी सुरक्षा करते।

फिसिंग बोटों, असामान्य हरकतों पर

हम रखते थे तेज नजर, ताकि सभी कर्मचारी और प्रोपर्टी

रहे सुरक्षित,

ना हो किसी को किसी बात का डर।

समुद्र तट से अंदर 250 किमी दूर,

गहरे समुद्र में ड्यूटी करने का था अलग ही अनुभव और आनँद,

प्लेटफार्म पर रहने, खाने, मनोरंजन और चिकित्सा आदि का रहता था,

पूरा प्रबंध।

सागर तो सागर है, रत्नाकर, जलधि है रहता वह खुद में,

अनेक मर्म छिपाए, इतना सब लिखने पर भी,

उसका सौंदर्य वर्णन बाकी रह जाये।

स्वरचित-----प्रेमराज सिंह त्यागी

- प्रेमराज सिंह त्यागी

* * * *

07

अर्धांगनी

शालीनता और धैर्यता की
सौम्य मूर्ति हो तुम,
मेरे हर दुःख की
सुख पूर्ति हो तुम,
इस भवसागर की
मजबूत कश्ती हो तुम।
तुम्हारे मेरे जीवन में आने से,
गुलशन मेरा गुलजार हो उठा,
टूटने मैं जब लगा,
बन संबल तुम गईं,
दुःख के बादल
छटने लगे, जब से
जब से जीवन में मेरे
तुम समा गईं।

जीवन पथ पर मेरे,

हरी भरी पल्लवित

लताओं में,

सुरभित सुमन तुमने ही

खिलाये हैं,

जर्रा जर्रा महक उठा,

तुमने मेरे कदम से कदम

हमेशा मिलाये हैं।

नील गगन से

जमीं पर उतरी

स्वर्णिम सलोनी रश्मि

हो तुम,

घनेरी रात का

आनन्दमयी सवेरा हो तुम।

विषम परिस्थितियों में

पांव मेरे जब

लड़खड़ाने लगे,

उन पलों की मजबूत

बैसाखी हो तुम,

अमावस का घोर तिमिर,

कर भी क्या लेगा,

हर हाल में तैयार,

उजियारी चांदनी हो तुम।
हर आवेश को मेरे,
शीतल तुमने
किया है,
मुश्किलों में भी,
तुमने मेरी
हर चिंता और तनाव को
शांत किया है,
हंसकर हर गम को,
अमृत समझ पिया है।
मेरे माथे का चंदन
हो तुम,
ईश्वर का वंदन हो तुम,
सुरभित सुमनों से घिरी
सुंदर लता यानि
"सुमनलता" हो तुम,
ईश्वर की संतान हो तुम,
प्रेम के राजा
"प्रेमराज" की "जान"
धर्मपत्नी हो तुम।
तुम्हारा प्रिय बेटा"
गौरव"

घर का चिराग है,

जिससे घर रोशन है,

हमारी आंखों का तारा,

सबका प्यारा,

हम सबका गौरव है,

प्रिय बेटी पूजा,

हमारी लाडली, अति कर्मठ और

सर्वप्रिय है,

सबका ध्यान

रखने वाली,

पूर्णतया संस्कारित और

अनुशाषित है।

कर्मठ, ऊर्जावान

पुत्रवधु प्रिय मोनिका

के आगमन से

परिवार हुआ जगमग

रोशन है,

पौत्र अति प्रिय देवर्ष और

पौत्री सबकी लाडली

केईशा का

रहता हमेशा

उल्लासित उर्जित मन है।

प्रिय सुमनलता,

तुमने घर की बगिया को

अपने सद्कर्मों, सदव्यवहार, अनुशासन,

अथक परिश्रम और

सद्विचारों से,

पूरी तरह महाकाया है,

माता पिता के अथक परिश्रम और

तुम्हारे समर्पित सच्चा मेरा

हमसफ़र बनने से,

तुम्हारा सतत प्रयास

आज इस सफल सुखद

मुकाम तक आया है।

सीमित शब्दो में, मुश्किल है

करना तुम्हारा शुक्रिया और

तुम्हारे चरित्र, सद्गुणों और

आकर्षक व्यक्तित्व का गुणगान,

आपके मेरा हमसफर बनने से ही,

मुझे और घर परिवार को मिला है,

मजबूत संबल और

सामाजिक मान सम्मान।

- प्रेमराज सिंह त्यागी

* * * * *

08

जल ही जीवन है

जल है जीवन का मुख्य आधार और धरती पर अनमोल अद्भुत रतन,

बिन इसके सब कुछ सुना है, प्यासे रह जाएंगे पेड़ पौधे, पशु पक्षी और सब जन।

धरती माता संजोए है खुद में जल का विशाल अतिशय भंडार,

धरती में गहरा भेदन कर हम बनाते जलकूप, जिनका जल उपयोग करता संसार।

धरती समुद्र से जल, नैसर्गिक वाष्पीकरण प्रक्रिया से बादलों में समाता है,

वापस फिर, संघनन हो, बादलों से, वर्षा रूप में गांव शहर, खेतो में बरस जाता है।

अजीब लीला है ईश्वर की, जो धरती पर तीन चौथाई जल के अनेक स्रोत दिए,

धरती नीचे, नदी नाले पोखर, पर्वतों पर जमीं बरफ रूप में जल के भंडार दिए।

जल, पेड़ पौधों, जलीय जीव, पशु पक्षी, फसल और हर जीव की जान है,

जल अभाव के कारण, सब हो जाते सूखे प्यासे परेशान और निकलने लगती जान है।

प्रयाप्त मात्रा में उपलब्ध शुद जल है तो ही, विकास उल्लास और कल है,

जल ईश्वर की अद्भुत अमूल्य देन है, बहुत सारी समस्याओं का बस यही हल है।

पर्यावरण असंतुलन के कारण अत्यधिक तापमान वृद्धि से ग्लेशियर भी जल्दी पिघलने लग जाते हैं,

इंसान की गलतियों के कारण ही बेइंतहा बारिश, ओलावृष्टि और बाढ़ आफत रूप में आते हैं।

माना कि जल ही जीवन है, पर उसके दुरुपयोग और पर्यावरण असंतुलन से, सारे काम बिगड़ जाते हैं,

अतिवृष्टि से फसलें हो जाती खराब, नदियां बांध रौद्र रूप दिखा, बहुत नुकसान पहुंचाते हैं।

जल का बेइंतहा दोहन, प्राणिमात्र के अस्तित्व के लिये बहुत ज्यादा है खतरनाक,

जल ही कम हो जाएगा तो जीवन जीना होगा बहुत मुश्किल, चाहे कोशिश कर लेगा कोई लाख।

जल संरक्षण जरूरी है, जरूरत के हिसाब से ही उसे खर्च करें और ना करे नदी नाले पोखर कभी गंदे,

जल की सबको बहुत जरूरत है,

उसमें व्यर्थ पदार्थ केमिकल ना डाले जो उत्सर्जित करते है उद्योग धंधे।

जल है तो ही कल है,

उसकी सफाई और बचाव का,

हम सभी को हर वक्त हर जगह, रखना होगा ध्यान,

जल से सबका सुंदर, स्वस्थ और खुशहाल जीवन रहता है,

होना चाहिए सबको इस बात का ज्ञान।

- प्रेमराज सिंह त्यागी

* * * * *

09

छोटी छोटी खुशियां

छोटी छोटी खुशियों से इंसान की जीवन बगियाँ में खिल जाते हैं
सुरभित फूल,

सब बहुत अच्छा लगने लग जाता है,

परिस्थितियां चाहे कितनी भी, क्यों न हों प्रतिकूल।

छोटी खुशियों में आनँद न लेकर,

बड़ी खुशी मिलने का जो करते रहते हैं सदा इंतजार,

वे रहने लगते हैं तनाव और चिंताग्रस्त,

जीवन हो जाता है एकदम तार तार।

छोटी छोटी खुशियों की तलाश,

शांति से जीने का, कहलाता है बेहतरीन प्रयास,

बस ध्यान से सोचने समझने की जरूरत है,

छोटी खुशियां होती है हमेशा अपने ही आसपास।

कभी किसी असहाय गरीब बच्चे की मदद कर,

उसके चेहरे पर लाकर देखो मुस्कान,

जरूरतमंद बच्चों को भरपेट भोजन तो खिलाओ,

वह बहुत खुश होगा, नहीं रहेगा परेशान

अनाथालय, में जाओ,

बच्चो को कुछ राशन, कपड़े, मिठाई फल देकर उनके बनो सच्चे मददगार,

वे बहुत खुश होंगे पाकर आपका संरक्षक जैसा साथ और निस्वार्थ असीम प्यार।

कभी तन गलाती ठंड में,

ठिठुरते झोंपड़पट्टी और सड़क किनारे सोए लोगो को बांटो कुछ कपड़े कंबल,

प्रचंड गर्मी में प्यासे राहगीरों को पानी पिलाओ,

जिससे उनकी मुश्किलों का कुछ मिल सके सही हल।

कभी बीमार गरीबो को भी अपनी सामर्थ्य अनुसार दवाई दिलाओ,

उनकी पहाड़ जैसी मुश्किलों में मददगार बन,

उनके काम तो आओ।

कभी वृद्धाश्रम में जाकर,

वृद्ध जनों के पास बैठ वक्त बिताओ,

पूछो उनके दिल की बात और हालचाल,

आपको पास पाकर,

उनके चेहरे पर आशा की किरण उभर आएगी,

शायद उनके हल हो जाएं कुछ सवाल।

हम हमेशा बड़ी खुशी जल्दी से मिलने का हमेशा रोना रोते रहते हैं,

खुशियां तो सदा हमारे इर्दगिर्द ही होती हैं

मगर हम हमेशा ही सोते रहते हैं।

जीवन की चमक दमक में,

सुख और बड़ी खुशी की तलाश में हम प्रायः भटक जाते हैं,

जीवन का असली तत्व यह है कि ज्ञानी लोग,

छोटी खुशियों में ही बड़ी खुशियों के बाग उगाते हैं।

भटकने और अटकने के चक्कर को छोड़

दिल को बड़ा और उदार कर, मानवता से नाता जोड़ो,

छोटो छोटी खुशियों का ही लो पूरा आनन्द, बड़ी खुशियों की तलाश करना छोड़ो।

छोटी छोटी खुशियां वाकई बड़ी गजब की होती हैं,

वे ही एक दिन बड़ी खुशियों में बदल जाती हैं,

जीवन को कर देती हैं तनावरहित और इंसान को सही सच्चा आनँदभरा मार्ग दिखाती हैं।

छोटी छोटी खुशियों को पाकर ही तो इंसान हमेशा हर्षोल्लासित जीवन जीता है,

फलस्वरूप उनके वह हमेशा रहता है खुश, मदमस्त और निश्चिंत मधुरस पीता है।

- प्रेमराज सिंह त्यागी

* * * * *

10

संतोष

जीवन की आपाधापी में दिन रात बुरी तरह फंसा रहता है स्वार्थी इंसान,

संसाधनों को जुटाने, धनोपार्जन करने में, सुख शांति खो देता है इंसान।

अत्यधिक पैसे कमाने के घन चक्कर में, स्वास्थ्य हो जाता है एकदम खराब,

सबसे आगे निकल भागने की प्रतिस्पर्धा में, सर्वोत्तम होने के देखता है हमेशा ख्वाब।

दिल दिमाग में भर रखे हैं ईर्ष्या, दुर्विचार और बेइंतहा अहंकार,

प्रेम शांति और संतोष के अभाव में, जीवन हो जाता है बिल्कुल बेकार।

प्रेम, सहयोग और संतोष जैसे सद्गुण, जीवन का करते हैं उत्कर्ष,

संतोषी जीवन मे ही आता है आनँद, उत्साह और अत्यधिक हर्ष।

"सन्तोषम परम् धनम" सभी महापुरुषों का बस यही कहना है,

संतोष ही सुखी जीवन की आधारशिला और सबसे सुंदर गहना है।

संतोषी मन, जीवन मे भरता है उमंग उत्साह और भरपूर ऊर्जा,

उसकी बदौलत ही सही ढंग से चलता है जीवन की गाड़ी का हर पुर्जा।

"असन्तोष" जीवन को बना डालता है नीरस और द्वंद्व से पूरी तरह भरा,

संतोष धन आते ही, जीवन हो जाता है मंगलमय और हरा भरा।

जीवन में उदासी, विक्षोभ, अशांति दुःख और तनाव, असन्तोष से ही होते हैं जनित,

जिसकी वजह से ऊर्जा होती जाती है क्षीण और हरदम दुखी रहता है चित्त।

जीवन में निरन्तर मेहनत और सद्कर्मों से जो मिले, उसे समझो परमपिता का प्रसाद,

सहर्ष उस ईश प्रदत्त प्रसाद को स्वीकार कर जीवन में पैदा करो उत्सव और आल्हाद।

दिन रात और अधिक पाने की तीव्र उत्कंठा, जीवन को छोड़ देती है बीच मझधार,

निकलना बहुत मुश्किल होता है, कांटो से भरा, दीखने लग जाता है संसार।

मेहनत और ईमानदारी से कमाना, रहना खाना, बुरी बात नही, पर संतोषी मन से जरूरी है बनाना संतुलन,

भवसागर में जीवन नैया भी सही खेती रहे और खुशी खुशी, सही ढंग से होता रहे जीवन यापन।

- प्रेमराज सिंह त्यागी

* * * * *

11

मेरे श्रद्धेय मातृ-पितृ

श्रद्धेय पिताजी थे मेरे

"जनाब" त्यागी श्री घनश्याम,

सद्भाव उनका रहा, बस करना नित

सतकाम।

भगवती देवी भोली भाली, बड़ी सज्जन माता,

सदा असीम प्यार, शुभ आशीर्वाद उनका मैं पाता।

माता पिता दोनों ही थे सदगुणों की खान,

हम सब उनके प्यारे बच्चे और नन्ही सी जान।

उन्होंने हमको सदा दिन रात बड़े प्यार से पाला,

हमको हर आराम दे, कष्टों में खुद को ही डाला।

रह रहकर बचपन मुझको याद हो आता,

बचपन की हर भूली बिसरी याद दिलाता।

हर सम विषम मौसम में पिताजी खेतों पर जाते,

पसीने से लथपथ, बैलों संग कई कई घँटे हल चलाते।

प्रचंड गर्मी, सर्दी में कड़ी मेहनत कर वे बहुत थक जाते,

हम सबके लिए सदा, किसी भी तरह, पूरी सुविधा जुटाते।

सादगी पसंद थे श्रद्धेय पिताजी हमारे,

हम सब भाई बहन उनको थे बेइंतहा प्यारे।

खूब पढ़ने लिखने, मेहनत की सलाह वे सबको देते,

सद्चरित्र और अनुशासन में सदा खुद भी रहते।

गांव वालों ने "जनाब" की उपाधि से किया, उन्हें विभूषित,

वे थे ईमानदार, सज्जन और कर्मठ, सदा चाहते सबका हित।

सीधा सादा था पहनावा उनका, सब करते थे उनको बहुत प्यार,

अपने सद्गुणों, आत्मबल के कारण ही, कभी नहीं मानी उन्होंने हार।

माताजी हमारी बहुत ही सौम्य जिन्हें बीबी जी हम कहते थे,

दिन रात परिवार की खातिर, मेहनत करती, हम सब उनके चहेते थे।

सुबह उठ, हाथ चक्की चला पीसती आटा, फिर दूध मथना था उनका काम,

दिन रात कड़ी मेहनत वे करती, मुश्किल से ही मिल पाता था आराम।

प्यारी दादी माँ छुआरी जी जब चरखा कातती, चरखा चर चर चूँ चूँ करता था,

जब हम भी दादी मां के पास बैठ मदद करते,

हमारा सारा दुख दर्द हरता था।

दादी माँ का भी, माताजी को घरेलू काम मे था बड़ा सहारा,

बुआ आनन्दी भी आनँद बढ़ाती,

घर का माहौल था वाकई बड़ा ही प्यारा।

माता हम सबके लिये टिफिन बनाती,

तैयार कर भेजती थी हम सबको स्कूल,

खुशी खुशी दोस्तों के संग, कच्चे रास्ते, हम स्कूल जाते,

सारे गम कष्ट जाते भूल।

माताजी, पिताजी, बडो ने हमको मेहनत से पाला पोसा, दिया सदा सही दिशा का ज्ञान,

आज उनकी लगाई बगिया, पल्लवित, पुष्पित, सुरभित है, मिल रहा है सबसे,

सबको सर्वत्र मान सम्मान।

- प्रेमराज सिंह त्यागी

* * * * *

12

सुरक्षा कवच

विशिष्ट व्यक्ति

घिरा हुआ

कमांडो व अन्य प्रशिक्षित

अनेक सुरक्षा कर्मियों से,

आ गया है,

चुनाव प्रचार करने,

कोई खास समारोह

उद्घाटन करने,

बेखबर

अपने सुरक्षा कवच का,

आतंकवादियों और देशद्रोही तत्वों की

गोली और बमों का

निशाना बनने।

एक बार राजीव जी और ज्ञानी जैल सिंह जी का

राजघाट पर जाना,

बेहतरीन तरीके से छिपे

व्यक्ति का उन पर निशाना लेकर,

गोली चलाना,

सारे सुरक्षा कवच को भेद जाना,

सचेत करता है,

सुरक्षा पर और अधिक

घ्यान लगाना।

तमिलनाडु में राजीव गांधी जी का

चुनाव प्रचार हेतु

जनता को संबोधित करने के लिए,

स्टेज पर आना,

धनु नामक आत्मघाती महिला का एक्सप्लोसिव बेल्ट का बटन दबाना,

राजीव जी का शहीद हो जाना,

बतलाता है सुरक्षा बिषय की गहराई को

और बारीकी से समझ पाना।

जनरल ए एस वैद्य जी पर भी गोलियां चला हत्या करना

और इंदिरा गांधी जी को, उनके ही

सर्वोत्तम चुने गए

सुरक्षा कर्मियों द्वारा,

उनके निवास स्थान पर ही, मौत के मुंह में पहुंचाना,

इंगित करना है

सुरक्षा को और अधिक मजबूत बनाना।

न जाने क्यों हम सब

सुरक्षा के आत्मविश्वास में

बहुत ज्यादा

तने बैठे हैं,

अति आत्मविश्वास की वजह से ही तो,

हम राजीव जी, इंदिरा जी, जनरल ए एस वैद्य जी आदि जैसे
विशिष्ट व्यक्तियों को

खोए बैठे हैं।

कुछ हैं ऐसे देशद्रोही, स्लीपर सेल,

कलुषित दुर्विचारों से भरे व्यक्तित्व वाले,

जिनके मन हैं पूर्णतया काले,

फैला रहे हैं आतंकवाद और कर रहे हैं विस्फोट

और गड़बड़झाले।

कुछ पड़ौसी देश तो बन गए हैं आतंवादियों के

प्रशिक्षण देने का केंद्र और

विनाश का उद्योग,

आतंवादियों को लगातार पैदा कर

दूसरे देश मे चोरी छिपे भेजने का लग गया है खतरनाक रोग।

आतंकवादियों की इन फैक्ट्रियों को अब नेस्तनाबूद करना होगा

देश के अंदर और सीमाओं पर

सुरक्षा कवच को जबरदस्त सुदृढ़,

मजबूत करना होगा।

मापने होंगे,

कलुषित व्यक्तित्व के

इन विकृत मानसिकता वाले, लोगो के,

मनोविकार,

और विशिष्ट रूप में

करना होगा अविलंब

उस खास पैमाने का

आविष्कार।

हमारे वीर सैनिक बहुत बहादुर और

उच्च प्रशिक्षित हैं,

देंगे दुश्मन की हर गंदी नजर और

हरकत का मुंह तोड़ जवाब,

दुश्मन, कभी भूल से भी ना सोचे,

भारत माँ की ओर, गन्दी नजर से

देखने के कोई ख्वाब।

- प्रेमराज सिंह त्यागी

* * * * *

काला सोना (क्रूड ऑयल)

सागर बोल कितना तेल और कितना पानी?

बड़ी रहस्यमय है और अजब है तेरी कहानी।

देख गहरे सागर में, प्राप्त अमूल्य दुर्लभ धन,

मानों और अधिक छिपा हो, सोचे तकनीकी मन।

असम में प्रथम तेल धार ने, सबको किया अचंभित और हर्षाया,

तेल क्षेत्र की गहन खोज करने, रिग सागर सम्राट, तुरंत निकट आया।

निरंतर होने लगे शोध, तट अपतट पर सर्वेक्षण और अन्वेषण,

तन मन धन से जुटे, सारे इंजीनियर और वैज्ञानिक प्रतिक्षण।

सबने ठानी और ले ली भीष्म प्रतिज्ञा, बनाएंगे भारत को, आत्मनिर्भर,

ताकि पूरी हो लंबित इच्छा, पहुंच सके तेल हर मुकाम और गैस घर घर।

दिनरात कर रहे, इंजीनियर, मुंबईतट, अपतट क्षेत्र असम राजस्थान गुजरात आदि में तेलगैस मंथन,

अथक कठिन मेहनत से उनकी, मिल रहा, अमूल्य बड़ी मात्रा में
तेल गैस रूपी धन।

मालवीय नेहरू जी द्वारा देखा गया तेलगैस क्षेत्र में आत्मनिर्भर
होने का सपना होने लगा, अब साकार,

अति प्रसन्न हैं अब हर भारतवासी, पाकर तट और अपतट क्षेत्र में
अमूल्य दुर्लभ संपदा अपार।

अद्भुत मर्म छिपा है इस जल तेल गैस की अजब गजब कहानी में,

लगता मानों ऐसे, जैसे प्रतिस्पर्धा हो गई हो अब बस तेल गैस और
पानी में।

सागर अब तो तुझको बोलना ही होगा, अपना मुंह खोलना ही होगा,

आदेश हमारा यही है तुझको, पानी और गैस तेल को सही सही
तोलना होगा।

सागर गौरव, ज्योति शक्ति सम्राट और अन्य अनेक अच्छे रिग हैं
अब हमारे पास,

ये अथक रूप में सागर और धरती वेधन करते रहेंगे, नहीं लेंगे
तनिक भी सांस।

वैज्ञानिक इंजीनियर हमारे इतने ज्ञानी, उद्यमी, रहते सदा अथक
रूप में क्रियाशील,

बाकी सब रिश्तों को भूल, लगा बैठे हैं वे बस अपने संस्थान
ONGC से अपना दिल।

ओ सागर और धरती! तुम दोनों को सोचना होगा और खोलना ही
होगा अपना मुख,

तुम्हारे अंदर स्तिथ तेल गैस बताना होगा, जिसमें निहित हम
सबका सुख।

बेइंतहा शक्तिशाली सुदृढ़ तकनीक से बने हुए हैं रिग हमारे,
रत्नाकर तू भी डर जाएगा,

तू अचंभित होगा देख उनकी वेधन क्षमता, जब उन्हें अपने सीने में
ड्रिलिंग करता पायेगा।

छिपा नहीं सकोगा कभी भी तूम खुद में, अपना असीमित तेल गैस
भंडार,

अगर तन मन से साइंटिस्ट इंजीनियर जुट जाएं तो, गर्व करेगा
सारा संसार।

अब तो सही सही बता दे सिंधु, धरती, तुममें भरा है कितना तेल
और कितना पानी,

करके ही रहेंगे ये वैज्ञानिक इंजीनियर, अपने मन में इन्होंने जो है
ठानी।

दुनियां के विशाल संस्थानों में तेल गैस उत्पादन में ओ.एन.जी.
सी.ने पाया है उच्च स्थान,

ऑयल एंड नेचुरल गैस कॉर्पोरेशन महान, भारत माँ की अद्भुत
शान।

धन्य है सिंधू, धन्य है धरती माँ, तुमने संजोया वृहद तेल गैस
रूपी अमूल्य काला सोना,

हमें निरंतर अधिकता में यह सब देते रहना, ना पड़े हमें कभी,
इनके अभाव में रोना धोना।

- प्रेमराज सिंह त्यागी

* * * * *

आँसू और शबनम

जा रहा था मैं,

डूबा हुआ,

विचारों में,

बना रखा था,

चक्रव्यूह जिन्होंने

मेरे मन में,

कि अंतर क्यों है,

"आँसू और शबनम" में।

अचानक ठिठक सा गया,

देखकर पड़ा हुआ इंसान,

अव्यवस्तिथ रूप में, जर्जर हालत में,

फुटपाथ पर,

इंतजार करती हुई,

अँतिम घड़ियों की,

छिन्नभिन्न दिशाहीन

जीवन पथ पर।

न जाने गुजर गए,

कितने लोग

उस जीर्ण क्षीण अवस्था मे पड़े हुए,

इंसान के पास से,

जानते हुए भी अंजान,

और बेपरवाह।

यद्यपि बार बार

दे रहा था वह भूखा प्यासा

असहाय इंसान,

अपने उत्थान, उद्धार हेतु,

मात्र इशारों से

भरकर "आह"।

क्योंकि

आँसू के सिवाय

उसके पास

कुछ भी न था।

अजीब विडंबना है,

लोग शारीरिक रूप में

अपने ही जैसे,

उस असहाय इंसान को,

भूखा प्यासा,

फुटपाथ पर ही

पड़ा छोड़ गये,

एकदम अंजान बने से,

उससे नाता तोड़ गए,

अपना मुंह मोड़ गए।

मन मे तुरंत

झटका आया,

प्रश्न का हल

समझ आया,

हम ही स्वार्थी हो गए हैं,

इंसानियत खो गए हैं।

नहीं कर रहा कोई

किसी की जरा भी परवाह और

गम,

तभी तो है यह बड़ा अंतर,

वह बस "आंसू" और हम

शबनम।

हम सब होते जा रहे हैं

स्वार्थी और बेइंतहा

संवेदनहीन

तभी तो संभ्रांत इंसान,

असहाय, लाचार गरीब लोगो को,

सुविधा उपलब्ध कराने के बजाय,

उनके जीवन को बना रहा है

कठिन और गमगीन।

- प्रेमराज सिंह त्यागी

* * * * *

15

हमारा प्यारा माइकल

(हमारे प्यारे "माइकल" नामक, जर्मन शेफर्ड पेट डॉग ने डॉग शो में अनेक इनाम जीते)

बेटे गौरव और बिटिया पूजा की जिद के आगे,

हमने घुटने टेके थे,

बहुत समय पहले ही,

दोनों ने एक अच्छा कुत्ता पालने के सपने देखे थे।

बेटे का दोस्त मेघेन्दर : गौरव, पूजा को अपने साथ लेकर, शर्मा अंकल के घर गया,

कुछ दिन पहले ही, शर्मा अंकल की पालतू कुतिया ने, कुछ सुंदर पिल्लों को जन्म दिया।

बेटा गौरव और बेटी पूजा की तीव्र इच्छा के आगे, कोई नहीं चली हमारी एक,

दोनो ने पिल्लों में से ढंग से देख भालकर चुना, श्याम सुंदर पप बस एक।

शर्मा अंकल ने गौरव पूजा दोनो को अच्छी तरह समझाया था,

दोनों मिल इस प्यारे छोटे से पप की अच्छी से अच्छी परवरिश
करना, क्योंकि

वह उनके बेटे जैसा जाया था।

खुशी खुशी बेटा अपनी बहन पूजा के साथ पप को लेकर घर आया,

काले घने, भालू सम केश और 22 नाखून का चौड़ा पंजा देख, उसे
अपने गले लगाया।

फुला नहीं समा रहे थे दोनों, क्योंकि उनकी लंबित मनोकामना पूर्ण हुई,

अति प्यारा, मनमोहक सुंदर पप, घर में पाकर सबको बेइंतहा
खुशी हुई।

शनैः शनैः उसे प्यार से पाला पोसा और रोजाना गहन प्रशिक्षण
सभी दिए,

राज्य स्तरीय अहमदाबाद डॉग शो में सर्टिफिकेट और इनाम
जीतकर, अरमान हमारे पूरे किये।

"माइकल" नाम उसका अति प्यारा, हम सबका वह खूब दुलारा है,

प्रखर सूझबूझ है उसकी, हर कला में भी सबसे न्यारा है।

हर आदेश का पालन करता, चंचलता उसमे खूब समाई है,

छिपी गेंद को झटपट ढूंढे, ऐसी समझ, प्रखर बुद्धि उसने पाई है।

कभी कभी उसका, बड़े नखरे करना, बाल सुलभ सा लगता है,

बड़े दुलार से जब उसे बुलाएं, बेइंतहा प्यार वह करता है।

पूरे घर आंगन में वह दौड़ धूप करे, सबको खूब थकाता है,

देख हमें बाजार से घर आता,

सीधा मुख्यद्वार पर स्वागत करने आ जाता है।

मुकभाषा में वह बहुत कुछ कह जाए, अत्यधिक हर्षित होता है,

घर से बाहर, अगर चले जाएं, फिर भी वह घर मे शांत रहता है।

बिल्कुल बच्चो जैसी हरकतें, क्रीड़ाये हैं उसकी, खूब उछलकूद
लगाता है,

खड़ा खड़ा, कंघी करवाये, बड़े प्यार से नहाता है।

गर बीमार कभी पड़ जाए, वह चुप कोने में लेट जाता है,

चम्मच से वह दवा भी पी ले, खुशी खुशी गोली भी खाता है।

सबकी सुरक्षा का ख्याल वह रखे, बेइंतहा प्यार दिखाता है,

वह नाम हमारे सभी के समझे, जैसे उससे कोई पुराना नाता है।

गर माइकल नाम उसका पुकारो, तुरन्त दौड़ वह आता है,

पूंछ हिलाए, तन हिलाए, मन ही मन हर्षाता है।

सुबह शाम दौड़ की प्रैक्टिस करता, वह खूब मेहनत करता है,

बिन गले के पट्टे के भी वह साथ चले, पूर्ण अनुशासन में रहता है।

बेटे बिटिया और सबका है वह चहेता, सबका ध्यान वह रखता है,

देख करतब खेल निराले, हर कोई अचंभा करता है।

सुख दुःख जैसी हर संवेदना उसमें खूब समाई है,

उसके जैसी वफादारी, इंसान को कभी समझ नहीं आई है।

- प्रेमराज सिंह त्यागी

* * * * *

16

कुबुद्धि

न जाने कितने देश भक्तों ने,

लगा दी थी

अपनी जान की बाजी

और

बहाया था खून पसीना,

देखने के लिये,

इस भारत रूपी विशाल वृक्ष को,

शीतल समीर की मधुरतम

लय में लय मिलाकर,

स्वतंत्र रूप में,

मस्ती में लहलहाता हुआ

किसी बाह्य दवाब के बिना।

इस सुंदर वृक्ष का तना है

हमारा मेरुदंड

हिन्दू मुस्लिम ईसाई रूपी

सब एक समान अभिनव हरे भरे पत्तते,

और

शाखाएं हैं हमारे प्रांत,।

भगत, आजाद पटेल, गाँधीजी आदि

सब इससे व्युपन्न सुगन्धित, सुरभित वृक्ष का,

परिणाम रहा सुखांत।

हम सभी भारत रूपी सुंदर वृक्ष के

अभिन्न अंग हैं,

यह शिक्षा हम सभी ने पाई,

और पल्लवित वृक्ष को

और अधिक सुंदर, मनमोहक, स्वस्थ और

सुदृढ बनाने की कसम,

हम सबने, राष्ट्रीय ध्वज,

तिरंगा के नीचे खाई।

लेकिन यह अजीब सा मानव कौन?

जिसकी बुद्धि का दर्पण

धुंधला पड़ता जा रहा है,

और उसे विनाश के अलावा

कुछ भी समझ नहीं आ रहा है,

यहाँ तक कि वह ईर्ष्या करने लगा है,

इस खून पसीने से सींचे गए,

हरे भरे सुंदर वृक्ष से

और

दुःसाहस करता है

उसे समूल उखाड़ फेंकने के लिए,

जिसकी उसे स्वयं भी,

निहायत जरूरत है।

क्यों नहीं समझ पाता वह कि

वह भी उसी वृक्ष का अभिन्न अंग है,

और

खुद को बचाने की धुन में,

वृक्ष के अभिनव पत्तों को

निर्ममता से काट फेंकने के,

उसके गंदे इरादे और

दुस्साहस को देख,

दुनियां ढंग है।

वृक्ष का समूल उखड़ना

और

अप्राकृतिक रूप में पतझड़ होना,

सर्वनाश है,

लगता बस अब उसकी

अंतिम श्वांस है।

शायद इन शब्दों के सही अर्थ को,

वे मंदबुद्धि आतंकवादी समझ जाएं

और उसके थपेड़ो और आतंक से

चोट खाया वृक्ष

अपने घावों पर मरहम लगाए

और थोड़ा बहुत सुकून और

राहत पाये,

अपनी शीतल छांव में सबको

शरण दिलाये।

- प्रेमराज सिंह त्यागी

* * * *

17

"मौत" से आमना सामना

जीवन अनिश्चितताओं से है भरा,

कौन जाने जीवन की कब होती है शुरूआत

और कब हो जाता है अंत,

जन्म हुआ है तो निर्धारित आयु पर

अवश्य ही होगी मौत, यही कहते सारे महापुरुष और ज्ञानी संत।

साल 1999, 23 जनवरी के ब्रह्म मुहूर्त में,

हमारे सगे अति प्यारे लघु भ्राता पुलिस अधिकारी, राजवीर सिंह की मौत से ठन गई,

मुजफ्फरनगर उत्तर प्रदेश क्षेत्र में, भाई के सामने मोटरसाइकिल पर जाते वक्त,

रास्ता रोक कर, अकड़ कर तन गई।

ऐसे लगा कि मौत, बहादुर, बलिष्ठ, शक्तिशाली वीर सिपाही

राजवीर सिंह की ज़िंदगी से भी बड़ी और बलशाली हो गई,

मौत जब आती है तो उसकी होती है अल्पायु,

फिर भी अड़कर सीना ताने हंसकर अहंकार में पूरी तरह खो गई।

भाई राजवीर कहता ही रहा, ए कायर मौत ! तू चोरी-छिपे से,
अचानक क्यो मेरे सामने आ खड़ी है,

यह तो मेरे क्षेत्र में कत्ल, लूट और आतंक फैलाने वाले बदमाशो का
मेरे द्वारा अविलंब हिसाब करने की घड़ी है।

लंबे समय से पुलिस द्वारा वांछित खूंखार बदमाशों का,

भाई अपनी रिवॉल्वर चलाकर करता रहा डटकर बहादुरी से सामना,

उनके द्वारा कार्बाइन मशीन गन से बर्स्ट फायर खोलने के कारण

अनेकानेक गोलियों को मुश्किल हो रहा था एकदम से थामना।

मौत से बेख़बर, 6 फुट 3 इंच कद वाले भीमकाय शरीर धारी,

सर्वप्रिय भाई की ज़िंदगी का सफ़र विषम हालतों से बुरी तरह से
था घिरा,

उन बदमाशो में से एक ने कार्बाइन गन से सौलह राउंड फायर कर,

भाई के शरीर को कर दिया छलनी,

वह निकला बहुत ही सिरफिरा।

गन्ने के खेत के कच्चे रास्ते पर घने कोहरे के मौसम में,

छलनी शरीर से, भाई ने बचने के लिए,

पूरी ताकत से लगा दी गहरे गड्ढे में जंप,

पर बदमाश इस पर भी रुके नहीं,

उन्होंने गड्ढे में पड़े जख्मी भाई के दिल पर निशाना लगा, गोली
चला दी

और बंद कर दिया हिर्दय रक्त संचार पंप।

हमारा अति प्यारा, सबकी आंखों का तारा,

बलशाली भाई बदमाशो से डटकर मुकाबला करते समय भारत माँ की सेवा करते शहीद हो गया,

अपने विभाग, अपने बच्चों, पत्नी, माताजी और हमारे परिवार के दिल दिमाग़ में

सद्कर्मों और आकर्षक व्यक्तित्व की मधुर स्मृतियों को हमेशा के लिए छोड़ गया।

कहते हैं ना इंसान का संपूर्ण जीवन वाकई अनिश्चितता का ही नाम है,

कौन यहाँ अपनी मर्जी से जितना चाहे, उतना जी पाता है,

इस धरा का, इस धरा पर, सब धरा का धरा रह जाता है, जब यमराज, किसी को लेने काले भैंसे पर चढ़कर सामने आ जाता है।

इंसान जब अपनी और अपने परिवार की जिम्म्दारियों को अधूरा छोड़,

युवावस्था में ही आकस्मिक, हो जाता है कालकवलित,

परिवार, माता पिता, घर के सभी सदस्यों के होश फाख्ता हो जाते हैं,

पर कोई कैसे उस होनी को टाल सकता है, विधि विधान से जो है लिखित।

जिंदगी जिंदा दिली का नाम है, विषम हालतों में भी चेहरे पर मुस्कान,

धैर्य रख, होंसला बुलंद कर, जीवन पथ पर आगे बढ़ना जरूरी है,

हिम्मत, जिम्म्मेदारी, मेहनत, कर्मठता और जीवन जीने का जज्बा,

जीवन की गाड़ी की मजबूत धुरी है।

वैसे तो किसको पता है, जीवनपथ के किस मोड़ पर,

कब कहाँ हो जाये मौत से जबरदस्त आमना सामना,

सर्वे भवन्तु सुखिनः, सर्वे भवंतु निरामया,

यही बस परमपिता परमेश्वर से करबद्ध हम सब करते हैं हर वक्त प्रार्थना।

- प्रेमराज सिंह त्यागी

* * * * *

18

आत्मविश्लेषण

न जाने क्यों

दे रहे हैं

एक दूसरे को धोखा,

सामाजिक मूल्यों और

मान्यताओं को ताक पर रख,

और बन गैरजिम्मेदार, अनुशासनहीन

कर रहे हैं सिद्ध

अपना स्वार्थ,

मानों

झोंक दी हो

धूल आंखों में,

परमेश्वर की

और कर दिया हो

उसे अनदेखा।

बिल्कुल भी

नहीं समझ पाया इंसान,

उस परमपिता की अद्भुत शक्ति और

अस्तित्व को,

और

खोकर मानवता और आदर्श

धूमिल कर दिया

अपने बेशकीमती ईश प्रदत्त

सुंदर व्यक्तित्व को।

इंसान का मन अगर

कालिख से पुता और

दिल दुर्भाव से भरा है,

तो

नहीं अधिकार उसे

परमपिता की भक्ति और पूजन का,

क्षमा योग्य भी नहीं वह,

क्योंकि

इंसान उससे भी नहीं

डरा है।

एक वो इंसान है

जो डालते हैं डांका जानबूझकर

जगह जगह

और डंका बजता है

जग में उनके दुष्कर्मों, दुष्कृत्यों का,

परन्तु

तू क्या कम है,

झांक कर देख

अपने मन आत्मा रूपी

दर्पण में,

तो अविलंब स्वतः ही ज्ञात हो जाएगा,

शेर की खाल से ढके

अंदरूनी मर्म का।

क्या मालूम है तुझे

अपना अतिंम रूप ?

न जाने क्यों

इस भवसागर के कुमार्ग पर,

भटकता घूम रहा है।

यही सोचता होगा ना इंसान,

भगवान सब कुछ देखकर भी,

रह जायेगा

बिल्कुल चुप,

लेकिन यह उसका

केवल भ्रम ही है,

सारे अच्छे बुरे कर्मों का हिसाब है,

उस परमपिता परमात्मा के पास,

अगर सदगति पानी है,

सत्कर्म कर, सत्यपथ पर चल,

बनकर प्रभुजी का

- प्रेमराज सिंह त्यागी

* * * * *

19

"मानव" - ईश्वर की सर्वश्रेष्ठ रचना

एक सुंदर अभिनव, अभिराम शिशु

इस व्योम तले फैली बहुरूपी प्राकृतिक छटा

से ओतप्रोत विशाल वसुंधरा पर

जन्म लेकर, प्रथम पदार्पण करता है बेखबर,

अपने चारों ओर उपस्थित कंटकपूर्ण जीवन पथ पर।

धूमिल और प्रदूषित पर्यावरण से ओतप्रोत,

अबोध शिशु के मस्तक पटल पर

उभरी रेखाएं मानों धनिक और प्रफुल्लित परिवारों को

एक मूक संदेश देती हो कि क्या फर्क है मुझमें और

शारिरिक रूप में, मेरे ही सम जन्में

उस शिशु में, जो जन्मा है ऊंची विशाल अट्टालिकाओं में,

संपन्न खुशहाल परिवार में

केवल अपने इस अनुत्तरित प्रश्न का जवाब तलाशने करने के लिये,

दर दर गुहार लगाता है।।

अजीब विडंबना है

हम अच्छी तरह अवगत होते हुए भी,

अनभिज्ञ बना रहना चाहते हैं, और

विषम हालातो में जकड़े उस अभागे शिशु के भविष्य को,

प्रज्ज्वलित ज्योति के दायरे से, बाहर ही रहने देना चाहते हैं।

शायद हमें, मानवता से प्रेम नहीं, और भूल जाते हैं

कि "मानव" ईश्वर की सुंदरतम रचना है।

जिसमें हमें उमंग, खुशहाली और संपन्नता रूपी रंगो

को भरना है।

तब ही ईश्वर की सच्ची पूजा का

मधुमय, लयबद्ध साज बजना है।

अभागा शिशु मेहनकश इंसान बनने के

असफल प्रयास में,

अपनी टूटी फूटी जर्जर नैया को,

खेने की हर कोशिश करता है,

बावजूद उसके फिर भी, कदम कदम पर,

दुखभरी आहें भरता है, और

आंखों में आंसू भर,

ऊबड़खाबड़ जीवन पथ पर,

बिखरे नुकीले तेज कांटो पर

मजबूरन पांव रखता है।।

इंसानियत के नाते, हम सभी का नैतिक कर्तव्य है

कि कंटकपूर्ण जीवन पथ पर,

फंसे अभागे अवरोध ग्रस्त शिशु को

मुक्त कर प्रेम से अपने गले लगायें,

और

उसे, "प्रभु की सर्वश्रेष्ठ पूजा"

समझ उस अभागे अबोध शिशु को,

तिमिर से घिरे, जीवन पथ पर जाने से बचायें।

- प्रेमराज सिंह त्यागी

* * * * *

20

हथियारों की होड़

ऐसा लगने लगा है, विश्व में शांति स्थापित करने के लिये
अनिवार्य हो गई है हथियारों की होड़,

अगर विध्वंसक हथियारों को बहुतायत से प्रयोग किया, भारी
विनाश का आ जायेगा खतरनाक मोड़।

हर देश चाहता है एटमबम, मिसाइल ड्रोन, पनडुब्बी और फाइटर
प्लेन आदि को अपनी सेना के बेड़े में अत्यधिक संख्या में करना
शामिल,

जब एक दूसरे को भृकुटि तान, दुश्मन की नजर से देखेंगे, फिर
कैसे जगेगा मैत्री भाव प्रेम और कैसे मिलेंगे आपस में दिल।

कुछ चालाक देश जानबूझकर गलत इरादे से, अपने देश की
सीमाओं का विस्तार कर, चाहते हैं दूसरे देश की ज़मीन हड़पना,

फिर तो निश्चित ही है रिश्तों में होना तनाव, अनबन, मनमुटाव
और क्रोधाग्नि, वे कहते हैं पराया माल भी अपना।

नैतिकता को ताक पर रख, दुसरो के विकास और सफलता से
जलकर, दुसरो को पहुंचाते हैं जानबूझकर जबरदस्त नुकसान,

फिर भला कैसे पनपेंगे अपनापन, सहयोग, उमंग, प्रेम, माधुर्य,
खुशी और करेंगे एक दूसरे का मान सम्मान।

कुछ देश तो दूसरे की तरक्की, संपन्नता, खुशहाली देख बहुत दुखी
होते हैं कि उसकी कमीज मेरी कमीज से क्यों है सफेद,

इस तरह रिश्तो में पैदा हो जाती है कड़वाहट, तनातनी, विक्षोभ
और हो जाता है बेइंतहा मतभेद और मनभेद।

धरती माता एक है, उसने अपनी शरण मे सबको दे रखा है
उपयोग के लिये समुचित सुंदर स्थान,

फिर क्यो, लड़ते झगड़ते है, हमला करते हैं, आतंक फैलाते हैं, क्यों
नही करते धरती माँ का सत्कार, मान सम्मान।

भगवान ने इस संसार को अनेक नदियों, सुंदर ऊंची पर्वत
श्रखलाओं, पेड़ पौधों, फल फूलों झरनों, ऋतुओ आदि से सुंदर ढंग
से बखुबी सजाया है,

फिर कुछ अहंकारी इंसान के दिमाग मे इस सुंदर चमन को तोपो
बमों मिसाइलों आदि से आग लगा उजाड़ने का विचार क्यों मन मे
आया है।

इस धरती पर अगर सर्वाधिक बुद्धिमान ज्ञानी कोई प्राणी है तो
केवल और केवल इंसान है,

सर्वाधिक जहर भी यही प्राणी उगलता है, खुद के ज्ञान बुद्धि का वह
करता अत्यधिक अभिमान है।

अमेरिका द्वारा हिरोशिमा नागासाकी पर गिराए बमों का विध्वंसक
दुष्प्रभाव तो पहले ही देख चुका है हर देश,

जब दुश्मन देश बरसाते हैं लगातार लंबे वक्त तक बम
मिसाइलआदि, फिर सब कुछ हो जाता है नेस्तनाबूद, नहीं बचता है
सुरक्षित कुछ भी शेष।

सब देशो को सच्चे दिल से पारस्परिक प्रेम सद्भाव की अलख जगा,
छोड़नी होगी हथियार बनाने और संग्रह करने की होड़,

सत्य अहिंसा, प्रेम, सहयोग आत्मीयता और अपनेपन जैसे नैतिक
हथियारों का प्रयोग कर जग को सुंदर बनाने का नहीं है कोई तोड़।

- प्रेमराज सिंह त्यागी

* * * * *

21

माता-पिता

माता पिता, हर इंसान के जीवन के होते है दो मजबूत, सुदृढ, और सुंदर स्तंभ,

अपने वच्चों के पालन पोषण हेतू वे बेइंतहा मेहनत करते है, बिना रखे कोई दंभ।

बचपन से लेकर बड़े होने तक, वे हमेशा हमारी हर सुख सुविधा, खुशहाली का रखते हैं ध्यान,

बच्चों की खातिर वे पहाड़ो जैसी मुसीबतों को हंसकर झेल लेते हैं, खुद का कुछ भी नहीं करते हैं ध्यान।

उनका जीवन अति कष्टदायक, भागदौड़ आपाधापी से भरा और संघर्षमय होता है,

वे बच्चों के जीवन पथ में सुरभित फूल बिखेरते हैं, चाहे कोई उनके जीवन पथ में नुकीले शूल बोता है।

"मातृ देवो, भव, पितृ देवो भव", वक्तव्य अनुसार उन्हें देवों का उच्च पवित्र सम्माननीय स्थान मिलता है,

वे बच्चो के लिये भगवान स्वरूप होते है, तभी तो उनकी बदौलत बच्चो के जीवन मे सुंदर फूल खिलता है।

वे स्वंय सादगी, मितव्ययिता से जीवन जीते हैं, पर अपने बच्चो को हर हाल में दिलाते हर सुख सुविधा,

दिन रात अथक मेहनत कर, वे उनका रखतेहैं पूरा ध्यान, ताकि ना हो बच्चों को कोई भी दुविधा।

मातृ पितृ, अपने बच्चों को सिखाते अच्छी बातें, देते अच्छा ज्ञान और सदा सुसंस्कार,

सुंदर ज्ञान पाकर, बच्चे पढ़लिखकर बड़े जिम्मेदार हो जाते, उनके जीवन में आ जाती वसंत बहार।

वे बाजार से हर महंगे से महंगा वे खिलोने चॉकलेट उपहार लाते हैं और बच्चो की खुशियों में लगा देते हैं पंख,

बच्चे खुश होकर, माता पिता को प्यार से अपने गले लगाते, बजने लगे जाते आनँद और खुशी के शंख।

हर बच्चे के जीवन में माता पिता का होता है अत्यधिक महत्वपूर्ण और विशेष स्थान,

उनकी बदौलत ही बच्चे खुद को सुरक्षित महसूस करते और समाज मे उनका बढ़ जाता है मान सम्मान।

जब तक बच्चे ऑफिस या कार्यस्थल से घर वापस नहीं आ जाते, माता पिता उनके सुरक्षित घर आने की बाट जोहते हैं,

बच्चो को जरा सी भी ठसक लग जाये, वे हो जाते हैं बहुत परेशान और मुंह छिपाके रोते हैं।

बच्चो की देखरेख, पालन पोषण और सुरक्षा, मातापिता की हो जाती है बहुत बड़ी जिम्मेदारी,

वे मेहनत से कमाया धन उनकी खुशहाली शिक्षा में लगाते, फिर चाहे कर्ज भी लेना पड़े भारी।

कुछ अभागे बच्चे तो विषम हालातो के कारण, हो जाते हैं कम उम्र में ही असुरक्षित अनाथ,

संभ्रांत समृद्ध लोगो को खुद ही आगे आकर, उनके जीवन को सुखी बनाने हेतु देना चाहिए आर्थिक रुप से उनका साथ।

अजीब विडंबना है आजकल कुकुरमुत्ते की तरह खुलते ही जा रहे हैं धड़ाधड़ शहरों में जगह जगह अनेक वृद्धाश्रम,

अपने देव स्वरूप बूढ़े मां बाप को, युवा क्यो छोड़ जाते है वहाँ, उन्हें क्यो नहीं आती जरा सी भी शरम।

अपनी सुख की परवाह किये बिना, बच्चो को जन्म से लेकर बड़ा होने तक, उनके लिये उन्होंने हर सुख सुविधा जुटाई,

फिर ऐसी क्या बात हुई, जो बच्चो को अपने बूढ़े माँ बाप को, अकेला या वृद्धाश्रम में छोड़ देने की नौबत आई।

युवा अहंकारी बच्चे ये ना भूले कि एक दिन ऐसा भी जरूर आएगा जब वे भी कमजोर और बूढ़े हो ही जायेंगे,

क्या उन्हें अच्छा लगेगा जब उनके बच्चे अपने दादा दादी को वृद्धाश्रम में, देख, उनको भी वहीं हमेशा के लिये छोड़ आएंगे।

माता पिता ही होते हैं जो संघर्ष कर अपने बच्चो के जीवन की सफलता और खुशहाली का सुंदर मार्ग करते हैं हमेशा प्रशस्त,

इसलिए बच्चों को भी देना चाहिए उनको पूरा मान सम्मान, ताकि वे रहें सदा खुश, सुखी, स्वस्थ और एकदम मस्त।

- प्रेमराज सिंह त्यागी

* * * * *

22

वीर जवान

बहुत ही निर्भीक, बहादुर, ऊर्जावान, सशक्त और जांबाज है हमारे वीर जवान,

वे हैं भारत मां के अति प्यारे लाडले,

सपूत, बढ़ाते हरदम, भारत माँ की शान।

वे खुद विषम हालातों से लड़ते,

हम सबकी सुरक्षा कर, हमें आराम दिलाते हैं।

हमें अपने घरों में चैन की नींद सुला, वे खुद बहुत खुश हो जाते हैं।

घर परिवार, सगे संबन्धी दोस्त सारे, उनको हमेशा कहाँ मिल पाते हैं,

वे भारत माता की सुरक्षा को सबसे ऊपर रखते, तभी तो वे भारत माँ के सच्चे वीर सपूत कहलाते हैं।

"राष्ट्र सुरक्षा" हर हाल में करना ही उनको लगता है सबसे अच्छा मस्ती भरा त्यौहार,

होली, दशहरा, दिवाली ईद पर्व पर वे घर नहीं जा पाते, बस सबकी खुशियां ही होती उनका प्यार।

वीर बहादुर सैनिक हमारे गौरव, आंखों के तारे भारत माँ की शान हैं

दिन रात सुरक्षा में लगे रहते मुस्तैदी से, नहीं होता उनको कोई अभिमान है।

तिरंगा उनकी जान है, हमारा भारत महान है, वे भारत माँ की आन बान शान हैं,

वे हैं हमारे कर्मठ अथक प्रहरी, दुश्मन को मुँह तोड़ जवाब देते, सदा रहते भृकुटि तान हैं।

वे सर्दी, गर्मी, बारिश, तन जमाती बर्फ और पहाड़ो में हरदम रहते मुस्तैद सजग हैं,

हमारे जांबाज बहादुर सिपाही जवान ऊर्जा से रहते भरपूर, दुनियां में सबसे बिल्कुल अलग हैं।

अपनी मातृ भूमि की रक्षा का संकल्प कर, प्राणों की बाजी लगाने को रहते हैं हरदम तैयार,

भारत माता को ज़रा भी आंच नहीं आने देते, वे भारत माँ करते हैं बेइंतहा सच्चा प्यार।

भारत माता की रक्षा खातिर खुशी खुशी शहीद हो जाते हैं हमारे प्यारे वीर जवान,

अपने घर परिवार से दूर, भारत से निभाते सच्चा नाता, बढ़ाते हैं मातृ भूमि का मान सम्मान।

मातृभूमि के खातिर जान देने को समझते हैं हमारे वीर जवान, अपनी बहुत बड़ी शान,

वे दे देते अपने प्राणों की आहुति, ताकि देशवासी सुख चैन से सोएं, ना रहे बिल्कुल भी चिंतित और परेशान।

निःस्वार्थ होकर, भारत मां और उसके देशवासियों की सुरक्षा करने
हेतु, वीर जवान लेते हैं तिरंगे नीचे दिल से सच्ची शपथ,

मां भारती और हम सब वीर जवानों के अदम्य साहस का गुणगान
करते, क्योंकि वे करते सुरभित, सुरक्षित सबका ही जीवन पथ।

- प्रेमराज सिंह त्यागी

* * * *

23

दोस्ती - एक आभूषण

सच्ची दोस्ती है एक सुंदर मनमोहक, बहुमूल्य, बेशकीमती आभूषण,

जिसे धारण करना चाहे हर कोई सच्चा नेकदिल इंसान, हर हाल में, हर क्षण।

सच्ची और अच्छी निस्वार्थ घनिष्ठ मित्रता बात ही कुछ और है,

ऐसी सुंदर निःस्वार्थ दोस्ती का तो मच जाता चहुँ दिशा जबरदस्त शोर है।

सच्ची दोस्ती कोई जात, धर्म, अमीर- गरीब बिल्कुल भी नहीं जानती,

वह तो बस एक दूसरे के प्रति समर्पण, सहयोग और असीम सच्चे प्यार को ही पहचानती।

अगर दोस्त अनजाने में, कोई गलती कर भी ले, उसे सच्चा दोस्त देता है सही परामर्श,

सच्चा दोस्त चाहता अपने दोस्त का हमेशा बहु हित और जीवन उत्कर्ष।

सच्चा दोस्त, अपने दोस्त के जीवन पथ को करता है हमेशा जगमग प्रकाशित,

सारा संसार क्यों न चाहे उसे गर्त में धकेलना और करना उसका सदा अहित।

चाहे पूरी दुनियां बिछाने को रहे आतुर दोस्त के जीवन पथ में नुकीले शूल,

सच्चा दोस्त अवतार बन कर, शूल हटा, बिछा डालता है पथ में सुरभित फूल।

सच्चा दोस्त निभाता है श्री कृष्ण-सुदामा जैसी निस्वार्थ सच्ची पक्की यारी,

उसकी हर बात और हर सलाह लगती है बड़ी फायदेमंद और बड़ी प्यारी।

सच्ची दोस्ती को इस भौतिक संसार देनी पड़ती है अनेक बार कठिन से कठिन परीक्षा,

सच्चा दोस्त हर कठिन परीक्षा में होता है हर बार पास और देता है हमेशा अच्छी शिक्षा।

सच्चा दोस्त दुर्विचार, स्वार्थ, ईर्ष्या और अहंकार से हमेशा रहता है कोसों दूर,

वह अपने दोस्त को हर विषम हालातों से उबारता है, नहीं होने देता है मुसीबतों के आगे उसे झुकने को मजबूर।

सच्चा, पक्का और अच्छा दोस्त वही जो अपने दोस्त की हर जरूरत में खड़ा हो और काम आए,

दोस्त को मुसीबत में फंसा देख, बिना बुलाये, मदद और हौंसला अफजाई हेतु उसके पास आये।

अच्छा और सच्चा दोस्त, अपने दोस्त के हर सुख दुख में खुद को पाता है खड़ा हमेशा सामने,

दोस्त कभी जीवन पथ पर मुश्किलों में डगमगाने लगे, वह झट से आगे आता है उसका हाथ थामने।

किसी को सच्ची दोस्ती निभानी ही है तो निभाये ऐसी जैसी भगवान श्री कृष्ण और सुदामा ने निभाई

उन्होंने अपनी सच्ची दोस्ती को बख़ूबी निभा, पूरे विश्व मे हर जन के मुख से बेइंतहा प्रशंसा और वाह वाह पाई।

- प्रेमराज सिंह त्यागी

* * * * *

24

गांव और शहर

अपने गांव में बहुत ही अच्छे थे खुले खुले घुमावदार कच्चे रस्ते,

शहर में आकर देखा, सड़के तो पक्की हैं पर हर जगह घण्टो लगता जाम बहुत है।

खेतो में कड़ी मेहनत कर, पेड़ो के नीचे सुस्ताते और सब मिल बतियाते,

शहर में हर कोई सुबह से शाम देखा भागता दौड़ता, एक पल मिल बेठे कैसे, करने को काम बहुत है।

घर के बड़े बुढो को मिलता था सत्कार, प्यार और मान सम्मान,

अब तो सारे बच्चे हैं डिजिटल, होशियार अति व्यस्त, उनके खुद के ही काम बहुत हैं।

पेड़ पौधों, बाग बगीचे की कोई कद्र न जाने,

बालकोनी में रखे गमलो में लगे पौधों की लगती उन्हें शान बहुत है।

गांव में दूध दही की नदियां बहती,

अब शहरों में यह सब पीना भूले,

बच्चे कहते पेट रहता परेशान बहुत है।

चाय काफी सबकी पसंद हो गई, कहते इससे मिलता फायदा बहुत है।

खत लिखना और पोस्ट करना अब भूले सारे,

कहते मोबाइल में सन्देश आते शीघ्र बहुत हैं।

हाथ पंखा बीजना आदि बंद हो गया

बिन ऐ. सी. के नींद नहीं आती,

कहते ऐ.सी. में ही आराम बहुत है।

पहले कई कोस पैदल जाते, अब 100 मीटर के लिये भी स्कूटर कार चलाते,

कहते इन वाहनों में आराम बहुत है।

पहाड़े गिनती लिखना आदि सब कुछ भूले,

कहते इस काम के लिये हाथ में

मोबाइल बहुत है।

दूध आटा सब पैकेट बंद घर आता,

सारा परिवार उसे ही पीता खाता,

कहते झटपट भोजन "रेडी टू यूज़" में देखो आराम बहुत है।

2 मिनट की मैगी और पुराने बासी मैदा का सजाधजा पिज्जा बड़े चाव से सारे खाते,

कहते इसमें समय की बचत और स्वाद बहुत है।

खेतो की तरकारी थी शुद्ध ताजी, स्वादिष्ट और बड़ी प्यारी,

दुकानों में कई दिनों से स्टोर हुई, उन्हें ला पकाते खाते, कहते यह सुविधा अच्छी बहुत है।

गांव में शुद्ध जल और खुली अप्रदूषित हवा की बात अलग है,

शहरों में अच्छे स्वास्थ्य हेतु शुद्ध जल और वायु की किल्लत बहुत है।

गांव के बागों में मिलते थे पेड़ो से ताजे बिना केमिकल के
बहुतायत में फल सब्जी,

शहर में ताजे फल सब्जियों का अभाव बहुत है।

गांव में सरसों का तेल तनबदन पर मल, खेतो में दंड बैठक
लगाते, निःशुल्क मल्लयुद्ध करते,

अब कहते सारी एक्सरसाइज करने के लिये जिम बहुत हैं।

गांव में सब एक दूसरे को जानते पहचानते, पारस्परिक सहयोग करते,

शहर में कहाँ कोई मिल बैठता है, कहते वक़्त की कमी औऱ
भागदौड़ आपाधापी बहुत है।

दुनियां भर संसाधनों आरामदायक सुविधाओं से घिरा है इंसान,

पर बेइंतहा सुविधाएं पाकर भी रहता तनावग्रस्त और परेशान बहुत है।

- प्रेमराज सिंह त्यागी

* * * * *

सुख और आनँद

"सुख" भौतिक वस्तुओं के निरंतर अत्यधिक उपभोग से जनित होता है,

इंसान, सुख को पाने हेतु, दिन रात खुद को खपा, अपना चैन खोता है।

"सुख" क्षणिक मजा देकर, अधिकाधिक संसाधन और धन संग्रह की डालता है आदत,

फिर इंसान को सुख प्राप्ति के लिये, अत्यधिक कुबेर कमाने की लगा देता है लत।

"सुख" संसाधनों के बेइंतहा प्रयोग का एक प्रकार से है सामाजिक प्रदर्शन,

मात्र सुख प्राप्ति, स्थाई शांति नहीं देता, चाहे कितने भी क्यों न कर ले कोई जतन।

"सुख" से बिल्कुल ही अलग, दिल को बेइंतहा सुकून देने वाला होता है आनँद,

आनँद एक प्रकार की अंदरूनी विशेष अनुभूति है जो तनाव, चिंता के काट देती है सारे फंद।

"सुख" इंसान को भौतिक सागर में लगवाता है जबरदस्त बारंबार
गहरे गौते,

इसके भँवर जाल में बुरी तरह फंस, बहुत सारे लोग रह जाते हैं
अत्यधिक परेशान हमेशा रोते।

"आनँद" में गोते लगा, इंसान करता है पूर्ण शांति और आराम का
बेहतरीन एहसास,

वह आनन्दमयी होकर, गंदी प्रतिस्पर्धा से रहता है दूर, बढ़ जाता है
उसका आत्मविश्वास।

इंसान को "सुख और आनँद" के अंतर को ईमानदारी और बुद्धिमत्ता
से समझने की है जरूरत,

"सुख" उपभोक्ता बनाकर छोड़ता है जबकि आनँद, जीवन को
बनाता है शांतिमय और खूबसूरत।

"सुख" विकास के साथ साथ अंहकार, चिंता, अवसाद और क्रोध को
व्यक्तित्व में करता है उत्पन्न,

जबकि "आनँद" स्थाई "प्रेमरस और शांति" को उत्पन्न कर,
खुशनुमा बनाता है इंसान का "तन और मन"।

- प्रेमराज सिंह त्यागी

* * * * *

26

धरती पुत्र - किसान

धरती माँ से जिसे बेइंतहा सच्चा प्यार और लगाव है, वह धरती पुत्र किसान कहलाता है,

दिन रात पसीनों से तरबतर हो, अथक मेहनत से, हर मौसम में, वह अपनी फसल उगाता है।

मिट्टी से सने बदन से वह पैदा करता है वह सबके लिये, फल, फूल सब्जी, हर प्रकार का अन्न और धान,

वो फ़टे पुराने कपड़ों में रहता है, सब कहते उसे मेहनतकश, सीधा सादा धरती का बेटा किसान।

मेहनती किसान हिंदुस्तान की अर्थव्यवस्था की है एक सुदृढ़ मजबूत आधारशिला,

उसकी दिनरात कड़ी मेहनत से ही, सबके घरों में रहता खुशियों का हर फूल खिला।

दिन रात लगा रहता है वह खेतों में, बीज, खाद, कीटनाशकों का बढ़ता ही जाता है उधार,

ऊपर से ओले, सूखे, बाढ़ बारिश और कर्ज की उस पर पड़ती है बहुत बुरी पहाड़ जैसी मार।

बुरी तरह चरमरा जाता है उसका आर्थिक स्तर और पारिवारिक
जीवन,

हंसी उसके चेहरे से छूमंतर हो जाती, कदापि खुश नहीं रहता है
उसका मन।

हर प्रकार के विषम हालातों में भी किसान रहता है खेती करने को
मजबूर,

वक्त वक्त पर घोषित सरकारी योजनायों, नीतियों के फायदे भी
उससे रह जाते हैं बहुत दूर।

किसान उगाता है बड़ी मेहनत से सब्जी अन्न, पर बड़ी कंपनियां
और आढ़ती उसका उत्पाद कम कीमत पर ही लेते,

वह ठगा सा किंकर्तव्यविमूढ़ बन, देखता रहता जाता जब वे उसके
उत्पाद के बहुत कम कीमत देते।

अनेक बार किसान तनावग्रस्त चिंतित होकर, हो जाते आत्महत्या
करने को मजबूर,

सरकार जांच पर जांच बैठा देती, कोई भी सुविधा या फायदा उससे
रह जाते बहुत ही दूर।

सरकार का फर्ज है किसान की उसकी फसल का सही दाम दिलाना
और करना कर्जमाफी,

इन सबसे मिलेगी किसान को बहुत बड़ी राहत और वह मदद भी
होगी उसे काफी।

किसान की मेहनत से उगाई फसल, फल सब्जी अन्न बिना किसी
का भी जीवन जीना है एकदम मुश्किल,

किसान का हित सोचना निहायत ही जरूरी है ताकि उसकी उजड़ी
जीवन बगिया में खुशियों के फूल जाएं खिल।

किसान कभी ना हो अपनी मांगों के लिये, धरने पर बैठने को
मजबूर और करने को शहरों में सड़क जाम,

सरकार करे धरती पुत्र किसान का उत्साहवर्धन और बना दे उसकी
फसल संबंधित सारे बिगड़े काम।

जरूरी है देना किसान की बाढ़ सूखे ओलो से उजड़ी फ़सल का पूरा
मुआवजा और पूरा मान सम्मान,

ताकि वह भी अपने परिवार का कर सके सही पालन पोषण, और
तनाव चिंता में ना ले खुद ही अपनी जान।

वीर जवानों और अमीर गरीब, सभी का पेट भरने वाला होता है
मिट्टी में सना, सादा जीवन जीवन जीने वाला किसान,

सरकार और सभी को रखना चाहिए हर सम विषम परिस्थितियों में
उसकी सेहत और फसल का पूरा पूरा ध्यान।

- प्रेमराज सिंह त्यागी

* * * * *

27

तन-मन-धन

"तन-मन-धन" का जीवन की सुख शांति और सफलता में है अपना अपना महत्व और सक्रिय योगदान,

इनके संतुलन बिगड़ जाते पर इंसान अव्यवस्तिथ सा होकर, रहता है अत्यधिक दुःखी और परेशान।

कोई भी कार्य करने के लिये, तन का सुंदर, स्वस्थ और ऊर्जावान रहना है बहुत जरूरी।

तन के प्रति कभी लापरवाह ना रहें अन्यथा सारे कार्य और योजनायें रह जाएंगी अधूरी।

तन में ही दिल दिमाग़ वास करता है, तन के साथ मन को भी रखना होता है सुविचारों से भरा और स्वस्थ,

मन में दुर्विचारों, अहंकार और ईर्ष्या आदि दुर्गुणों के स्थापित हो जाने पर, जीवन हो जाता है बिल्कुल अस्तव्यस्त।

जीवन यापन, सफलता और सुख शांति के लिये, धन अर्जन भी होता है बहुत जरूरी,

धनाभाव के कारण, सारी इच्छाएं, योजनाएं शायद ही हो पाती है कभी पूरी।

जब "तन और मन" सुंदर स्वस्थ रहकर, जीवन को दिखाएंगे सही सच्ची "दिशा और दशा"

तभी इंसान समाज में प्रगति पथ पर अग्रसर होगा, अन्यथा वह रह जायेगा बीमारी, दुर्विचारों के दलदल में बुरी तरह फंसा।

इंसान को "तन-मन-धन" के संचालन में बैठाना बहुत जरूरी होता है संतुलित सुंदर तालमेल,

तभी वह ऊर्जावान होकर, हर सम विषम परिस्थितियों में खेलने के काबिल होगा हर कठिन खेल।

अगर इंसान तन मन के स्वास्थ्य को छोड़, बस लगा लेगा दिन रात बेइंतहा धन कमाने की धुन,

उसका "तन मन" पूरा खोखला हो जाएगा, जैसे लकड़ी को दीमक और गेंहू को खा जाती है घुन।

इंसान को चाहिए कि वह "तन-मन-धन", तीनों को हमेशा अपने सही "नियंत्रण और समायोजन" में ढाले,

उनके "संतुलन और स्वास्थ्य" को गौण समझ, जीवन मे कदापि आफत, मुश्किल और बीमारियों को ना पाले।

- प्रेमराज सिंह त्यागी

* * * * *

दहेज प्रथा

"दहेज अधिनियम" बना हुआ है फिर भी "दहेज" लेना देना अभी भी खूब चलता है,

अधिकाधिक दहेज की मांग, लड़के वाले करते, फिर लड़की के बाप का दिमाग उबलता है।

पिता कोल्हू के बैल की तरह मेहनत करता पूरा जीवन अपनी बेटी के सुखी जीवन की ख़ातिर,

वो कैसे देगा मोटा दहेज नकद और महंगी गाड़ी, कुछ लड़के वाले होते बड़े लोभी, शातिर।

नींद उसकी छूमंतर हो जाती, और रहती चिंता, कैसे दहेज हेतू इतना ज्यादा धन जुटाना है,

चिंताग्रस्त पिता के दिल पर टूट पड़ता मुसीबतों का पहाड़, क्या उसका गहन दुख कभी किसी ने जाना है।

दहेज अधिनियम अनुसार, दहेज लेने देने पर है पूरी रोक, फिर भी अनेक रूप में दहेज कुप्रथा चालू है अब तक,

मोटी दहेज की मांग को बेटी के माता पिता और बेटी, झेलते सहन करते रहेंगे कब तक।

लड़की के सयानी और शिक्षित होने पर, चिंतित पिता, सब जगह तलाशने लग जाता है सुयोग्य दामाद

जिससे बिटिया आजीवन सुख शांति और खुशहाली से रहे, हो जाये बिटिया का घर आबाद।

बेटी की शादी जब तक नहीं हो जाती, घर मे सभी को रहती है बड़ी उलझन और परेशानी,

गांव शहर के सब रिश्तेदार कहते, बिटिया की जल्दी शादी करो, वह दूसरे घर जरूर है जानी।

वैसे तो बेटी को सब देवी दुर्गा लक्ष्मी, जननी, वंश संचालिका मानते, पर शादी वक्त दहेज मांग लड़के वाले पथ में कांटे बोते हैं,

बहु भी किसी की बेटी है, फिर बहु को दहेज के खातिर प्रताड़ित कर खुद की, सबकी सुख शांति और इज्जत खोते हैं।

अपने माता पिता के माथे पर चिंता, मुश्किलों तनाव को देख बेटी हो जाती अत्यधिक चिंताग्रस्त,

वह यह सोचती है कि लड़की होना क्या अभिशाप है, बस उसके जीवन जीने का सारे हौंसले जो जाते पस्त।

शादी बाद जैसे तैसे बिटिया अनेक दुविधा पूर्ण बातों को दिमाग मे रख अपनी ससुराल चली तो जाती है,

वह अपनी ससुराल में मुंह से कुछ भी नहीं कहती, पर वहाँ भी दहेज पर चर्चा होना हमेशा पाती है।

हर पिता तन मन धन से सब कुछ जुटा, चाहता है बनाना अपनी बिटिया का वैवाहिक जीवन बेहद खुशहाल और सुखदाई,

पिता, बेटी को उच्च शिक्षा दिलाने, पालन पोषण करने में कोई कसर नहीं छोड़ता, दहेज क्यों मांगते हैं, यह बात उसे कभी समझ नहीं आई।

वाकई दहेज एक बेहद जहरीली कुप्रथा है जो डस लेती है बेटी और
उसके मां बाप का सारा आनँद और सुख- चैन,

सब दहेज अधिनियम का ईमानदारी से पालन सुनिश्चित जरूर करे,
ताकि दोनो पक्ष और सब कभी ना रहें परेशान और बेचैन।

- प्रेमराज सिंह त्यागी

* * * * *

स्वाद और स्वास्थ्य

"स्वाद और स्वास्थ्य" का बहुत ही घनिष्ठ गज़ब का पारस्परिक नाता है,

स्वास्थ्य इस बात पर निर्भर करता है कि इंसान क्या सोचता और खाता है।

इंसान जीभ का बहुत अधिक होता है चटोरा और जबरदस्त गुलाम,

खाद्यपदार्थ कुछ भी हो, जिसमें आता है उसे स्वाद, वही खाता पीता है सुबह हो शाम।

हर इंसान को पता तो होता है, स्वास्थ्य के लिये क्या अच्छा है और क्या खराब,

पर वह स्वाद के चक्कर मे सब उल्टा पुल्टा खाता है और पी भी लेता है शराब।

तन के हितार्थ वह कुछ नहीं सोचता फिर तन में घर कर लेते हैं अनेक असाध्य रोग,

चाहे करोड़ो धन कमा ले, भव्य बंगला बना ले, वह सही ढंग से नहीं कर पाता है उनका उपयोग।

इंसान को अपने स्वास्थ्य के मद्देनजर "पथ्य और अपथ्य भोजन"
का सही ज्ञान होना है बहुत ही जरूरी,

स्वास्थ्य के प्रति अगर लापरवाही हुई तो सारे सपने टूट जाते हैं,
इच्छाएं नहीं हो पाती हैं कभी पूरी।

स्वाद को पूरा नियंत्रण करने के लिये, निहायत जरूरी है मन को
करना सख्ती से नियंत्रण,

मन नियंत्रण करने से ही इंसान का रह पाएगा, पूर्ण स्वस्थ तन
और मन।

स्वाद के चक्कर मे, चमचमाते व्यंजनों को देख इंसान के मुंह मे
आ जाता है झट से पानी,

वह खुद को रोक नहीं पाता है, ठूंस ठूंसकर खाने से होती है
बदहजमी और बेइंतहा परेशानी।

स्वाद की सबसे बाद में, स्वास्थ्य रक्षा को रखना चाहिए हमेशा
सर्वोपरि,

स्वास्थ्य ही सबसे बड़ा अमूल्य धन है, यह बात दिल दिमाग़ में
रखना है बहुत जरूरी।

स्वास्थ्य को गौण समझ जो स्वाद का बन जाता है पूरी तरह
पक्का गुलाम,

अंततः वह मुश्किलों से घिर जाता है और उसके स्वास्थ्य का हो
जाता है काम तमाम।

स्वाद के लिये अगर कुछ खाना भी है तो खाने की कभी ना भूलें
मर्यादा,

अगर मर्यादा का किया उल्लंघन, खड़ी हो जाएंगी जीवन पथ पर
अनेक बाधा।

हर किसी को जरूरी है हर साल कराना, अपने शरीर का अच्छी
तरह गहन चिकित्सा परीक्षण,

फिर चिकित्सा संबंधित निर्देशों का समुचित पालन करने से ही
शरीर का हो सकेगा सही रक्षण।

अगर साफ, सुंदर और पूरी तरह स्वस्थ है इंसान का तन और मन,

उसकी सफलता और खुशियों को कोई रोक नहीं सकता है और ना
ही होगी कभी कोई अनबन।

- प्रेमराज सिंह त्यागी

* * * * *

वृद्धावस्था

इंसान के जीवन को पूर्ण रूप से संचालित करने की होती है
मुख्यतः तीन अवस्था,

पहली होती है बाल्यवस्था, दूसरी युवावस्था और आखिरी तीसरी
होती है वृद्धावस्था।

आरंभिक बाल्यावस्था को सभी कहते हैं सर्वोत्तम स्वर्णिम
मस्तीभरी सुकोमल अवस्था,

इंसान इस काल में रहता है मस्तमौला, मनमौजी, आजाद और
हमेशा कूदता हंसता।

युवावस्था में तो पढ़ाई लिखाई और अनेक जिम्मेदारियों का होता है
भारीभरकम भार,

वह दिन रात घोड़े की तरह दौड़ लगाता है ताकि सुख शांति और
मजे से जिये उसका परिवार।

वह अपने बच्चों के पालन पोषण और उज्ज्वल भविष्य हेतू, भूल
जाता है खुद करना जरा सा भी आराम,

दिन रात पसीने से तरबतर हो, विषम परिस्थितियों से जूझ,
निपटाता है अपने सारे काम।

इंसान जब पहुंचता है जीवन के अंतिम पड़ाव पर जिसे कहते हैं
बुढ़ापा या फिर वृद्धावस्था,

उस वक्त शरीर भी जवाब देने लग जाता है और बिगड़ सी जाती
है उसकी शारिरिक व्यवस्था।

जो आज तक सबके लिये था कमाऊ, महत्वपूर्ण और मेहनतकश
ऊर्जावान इंसान,

वह धीरे धीरे पूरे घर मे अकेला सा पड़ जाता है और खोने लग
जाता है अपनी पहचान।

कुछ बच्चे अपनी घर गृहस्थी, नौकरी पेशे में ज्यादा व्यस्त होकर,
वृद्ध माता पिता की करने लग जाते है अवहेलना,

वे उनसे अब बचकर निकल जाना ही बेहतर समझते है, जिनके
साथ, उन्हें बहुत अच्छा लगता था कूदना खेलना।

वृद्ध सदस्यों की सुश्रुसा, देखभाल, चिकित्सा सुविधा आदि सब कुछ
युवाओं को लगती है बहुत भारी,

वृद्ध जन अजीब विषम हालतों से घिर जाते है और समस्याएं खड़ी
हो जाती हैं बहुत सारी।

वृद्ध जन, घर के किसी सदस्य से अपने मन की बात खुलकर, कुछ
कह नहीं पाते हैं

वे रहने लगे जाते एकदम गुमशुम, सब कुछ चुपचाप ही सह जाते हैं।

कुछ युवा बच्चे अपने वृद्ध माता पिता को, उनको बोझ समझ,
वृद्धाश्रम में आते हैं छोड़,

फिर वे बहुत होते हैं परेशान, सोचकर कि यह कैसा आ गया
अचानक जिंदगी का अजीब सा मोड़।

हर साल हर शहर में कुकुरमुत्ते की तरह धड़ाधड़ बढ़ते ही जा रहे
हैं वृद्धाश्रम,

कुछ वृद्ध जन परिवार, मकान को छोड़ यहाँ रहने को हैं मजबूर,
करने के बाद जीवन में कठिन परिश्रम।

युवा बच्चे ये ना समझें कि वे रहेंगे सदा ऊर्जावान, एक दिन वे भी
बूढ़े हो ही जायेंगे,

ऐसा ना हो उनके बच्चे अपने दादा दादी की तरह, उन्हें भी एक
दिन उनसे परेशान हो, वृद्धाश्रम में छोड़ आएंगे।

वृद्धावस्था, जीवन की ऐसी अवस्था है जब वृद्ध माँ बाप को पड़ती
है अपने बच्चों की मदद, इमोशनल सिक्युरिटी की जरूरत,

अगर उनके बच्चों ने की उनकी उपेक्षा, वृद्ध माता पिता की बुरी
तरह बिगड़ जाती है मानसिक एवं शारीरिक सूरत।

- प्रेमराज सिंह त्यागी

* * * * *

31

बरसात का रौद्र रूप

हर साल अपने अपने वक्त पर आती है सारी ऋतुएं अपने नये रंग रूप स्वभाव सहित,

धरती पर ग्रीष्म वर्षा, हेमंत, शरद, शिशिर, वसंत, के रूप से फिर चाहे हो किसी अहित या हित।

वर्षा ऋतु में तो कई बार अनेक शहर गांव, शहर और पहाड़ों में खड़ी हो जाती है बेइंतहा बड़ी परेशानी,

मूसलाधार बारिश बाढ़ से अनेक इलाके हो जाते है जलमग्न और होती है अत्यधिक जान माल की हानि।

पहाड़ो में भूस्खलन और बादलों के अचानक फटने से मच जाता है सर्वत्र त्राहिमाम त्राहिमाम,

मकान दुकान सारे सामान, पत्तो के समान बह जाते हैं, रिश्तेदार, पैसा, धन दौलत कुछ भी नहीं आते हैं काम

नदियां नाले जल से लबालब हो, तोड़ने लग जाते हैं रौद्र रूप ले अपनी सारी मर्यादा,

जन जीवन हो जाता है पूरी तरह अस्तव्यस्त और हर किसी कार्य मे बढ़ती बहुत अधिक बाधा।

स्कूल, ऑफिस और उद्योग धंधों आदि का सारा कार्य हो जाता बिल्कुल बंद,

सरकार या अन्य समाज सेवी संस्थाओं को बहुत मुश्किल हो जाता है करना सुरक्षा बचाव प्रबंध।

पावस में प्रकृति अगर अपनी मर्यादा में रहे तो सबको लगती बड़ी प्यारी और अति मनभावन,

वर्षा ऋतु सावन में बारिश की फुआरों में भीग जाने से अति प्रफुल्लित, खुश होता है सबका मन।

हर साल सारी सीमाएं लांघ, बाढ़ बारिश बन जाते है मौत, अभिशाप का कारण और, तोड़ फोड़ डालते सड़के पुल मकान, अनेक पहाड़,

फिर भी यह लोभी इंसान लगा है दिन रात स्वार्थवश, प्रकृति के साथ करने में जबतदस्त छेड़छाड़।

इंसान अतिव्यस्त है हरदम, विकास के नाम पर चीरने में पहाड़ो और धरती माता का सीना,

वह क्यो भूल जाता है, अगर नही किया "प्रकृति संरक्षण" तो बहुत मुश्किल हो जाएगा उसका जीना।

भ्रष्टाचार ने भी, शहरों में जल भराव और जल निकासी की अव्यवस्था में निभाया है अपना जबरदस्त रोल,

महानगरों में ड्रेन सिस्टम ब्लॉक अव्यवस्थित या नाकाफी रहता है, और बरसात आते ही भ्रष्टाचार की खुल जाती है पोल।

अगर इंसान नहीं करेगा प्रकृति संरक्षण और ईमानदारी से सिविल वर्क्स नियमो का जनहित में समुचित पालन,

बहुत मुश्किल होगा समाज कल्याण कार्य, करना और करना गांव शहर का समुचित विकास संचालन।

- प्रेमराज सिंह त्यागी

* * * *

32

आदत और लत

इंसान की बहुत अच्छी या फिर बहुत बुरी आदत के हो सकते हैं
अनेक प्रकार,

अपने पसंदीदा कर्म क्षेत्र या फिर रुझान रुचि अनुसार बनता है
उसकी सुखी या दुखी संसार।

संस्कार, जीवन मूल्यों, घर परिवार वातावरण और दोस्तों की
संगति का आदत बनने में पड़ता है इंसान के व्यक्तित्व पर प्रभाव,

जीवन मूल्यों को अगर समाहित किया तो आदत होगी अच्छी
अन्यथा व्यक्तित्व पर पड़ना निश्चित है दुर्विचारों का दुष्प्रभाव।

अच्छी हो या बुरी, शुरुआत में ही इंसान निश्चित ही, अपनी संगति
या रुचि अनुसार करता आदत का वरण,

अच्छी आदत जीवन संवार देती है और "बुरी आदत", एक दिन
"लत" बनकर, जीवन की सुखशांति का कर लेती है एकदम हरण।

इंसान को समझ तो होती है पर वह गलत गन्दी आदत को
गंभीरता से ना लेकर, उसमें नहीं करता है कोई भी सुधार,

फिर वह गंदी आदत ही, स्थायी लत बनकर जीवन को बर्बाद कर,
दिलाती है बारम्बार हार।

बहुत अच्छा हो अगर घर के लोग या उसके दोस्त, इंसान की गंदी
आदत का उसे कराएं सही मायने में समय रहते एहसास,

सलाह परामर्श बाद, उसका मन परिवर्तन निश्चित ही होगा और
वह गंदी आदत उसे फिर कभी नहीं आएगी रास।

बच्चा अगर पहली बार, अपने स्कूल से लाता है अपने घर, कोई
पेंसिल पेन नोटबुक आदि चोरी करके सामान,

माता पिता बच्चे से अविलंब प्रश्न कर उस चोरी किये सामान के
बारे में पूछे, और दें उसे सही गलत कर्म का ज्ञान।

अगर बच्चे को पहली चोरी का नहीं पूछा, फिर उसे हर रोज ऐसा
करने की लग जायेगी गंदी आदत, बहुत बुरी लत,

हो सकता है वह और दुर्गुणों का कर ले वरण, हर तरफ से घेर ले
उसे मानसिक विकृति रूपी बड़ी आफत।

कोई व्यक्ति एकदम से कभी भी गलत नही बनता, पहले छोटे
छोटे करता है हर रोज कोई ना कोई गलत गंदे काम,

वह, पूरा आजाद होकर, उसमें लेने लग जाता पूरा आनँद, फिर
उसकी वास्तविक खुशियों और तरक्की का हो जाता है काम
तमाम।

माता पिता खुद आदर्श बन, खुद को अपने बच्चों के समक्ष खुद
को पेश करें रोल मॉडल और उनमें करें सद्गुणों, संस्कारो, जीवन
मूल्यों का संचार,

तभी वे बन सकेंगे देश के जिम्मेदार, सम्मानित, संस्कारित भावी
नागरिक और प्रवाहित करेंगे सर्वत्र सौहार्द अपनापन और प्यार।

ऐसे ही नहीं बन जाता कोई, गुंडा, आतंकवादी, चोर उचक्का,
बदमाश लुटेरा, डाकू हत्यारा और बलात्कारी,

उसको अगर समय रहते, जीवन के आरंभ से ही, संस्कारित नहीं
किया तो वे वह पथभ्रष्ट हो जाएगा और उससे असुरक्षित रहेगी
जनता सारी।

- प्रेमराज सिंह त्यागी

* * * *

33

सच्चे मित्र

सच्चे दोस्त जीवन में नव ऊर्जा, उमंग, खुशियां और उत्साह का सतत संचार करते हैं,

वे हर मुश्किल, विषम हालतों में हमेशा रहते हैं तैयार, जरा भी नही डरते हैं।

दोस्ती, मुरझाई जीवन बगिया में, खिलाती है सुरभित रंगबिरंगे भांति भांति के सुंदर फूल,

दोस्त मुसीबत में हर पल साथ खड़े रहते हैं, नहीं करते हैं कभी भी कोई भूल।

सच्चे मित्र किसी का कोई पद, पैसा, कुबेर, गाड़ी बंगला, धन दौलत नहीं देखते हैं,

वे केवल अपनेपन, प्यार, सहयोग का हाथ बढ़ाते हैं, फालतू कुछ भी नहीं फेंकते हैं।

भगवान श्री कृष्ण और सुदामा की सच्ची दोस्ती विश्व भर में, सभी को भलीभांति ज्ञात है,

ऊंच नीच, अमीरी गरीबी का दोस्ती में नही होता कोई स्थान, वहाँ केवल अपनेपन, प्यार की होती बात हैं।

दुश्चरित्रता से भरे दोस्त, दूसरे को ईर्ष्या अहंकार और दुर्विचारों की भट्टी में झोंकते हैं,

गलत रास्ता गलती से मिल भी जाये, वे उसे जरा भी कदापि नहीं रोकते हैं।

सच्चे दोस्त बन जाते है मुसीबत में, डूबते को तिनके का मजबूत सहारा,

जो होता है अनुशाषित संस्कारित सच्चा दोस्त, वे कभी नहीं छोड़ते अपने दोस्त को बेसहारा।

सच्चा दोस्त वही होता है, जो किसी की मुसीबत और विषम हालातों में आये काम,

गलत राह पकड़ने पर, वह हमेशा नेक सलाह दे और बचा ले, होने से जग में बदनाम।

जिस दोस्त के जैसे होते हैं कर्म, संस्कार, चालचलन और चरित्र,

वैसे ही होते हैं उसके समाज में संगी साथी, मिलने जुलने वाले और सारे मित्र।

कहते हैं भगवान जिसको सगा भाईबहन नहीं बना पाता उन्हें बना देता है अच्छा सच्चा मित्र,

फिर वे मिलजुलकर जीवन को इंडधनुषी रंगों से सजा, खींचते है दोस्ती का मनमोहक चित्र।

सच्चे दोस्त अपने साथी को जीवन पथ पर नहीं छोड़ते है मुसीबत में तड़फने के लिये अकेला,

सारे दोस्त मिलकर, जीवन बगिया को महकाकर, लगा देते हैं खुशियों का सुंदर मेला।

इंसान को सोच समझकर, पूरे होशहवास में किसी से करनी चाहिए कोई मित्रता,

अगर इंसान गलती से कुसंगति में पड़ गया तो जीवन बन जाता है नर्क, रह जाता है वह खून के आंसू पीता।

- प्रेमराज सिंह त्यागी

* * * * *

34

प्रकृति संरक्षण

हमें नदियों से साफ जल नहीं, बल्कि बेइंतहा बालू रेत चाहिए।

पहाड़ों से अति मूल्यवान उपयोगी औषधियां नहीं, बल्कि सड़क भवन निर्माण हेतु खूब पत्थर चाहिए।

पेड़ पौधों से फल फूल पत्ते औषधियां नहीं, बल्कि अपने घर ऑफिस सजाने बनाने के लिये अत्यधिक लकड़ी चाहिए।

किसान को खेतों से भांति भांति के फल फूल अन्न सब्जियां नहीं, बल्कि जल्दी जल्दी नकद देने वाली फसल चाहिए।

नदियों से दिन रात निकाल ली सारी रेत, पहाड़ो से तोड़ फ़ोड़ कर निकाल लिए पत्थर

कर दिए वन जंगल खाली, काट डाले सारे पेड़, नकद फसल के चक्कर मे, बंजर वना दिए खेत,

इस तरह लालच में प्रकृति का दोहन कर, अपने मकान दुकान ऑफिस को पत्थर लकड़ी से सजा,

ले रहे है विलासिता पूर्ण जीवन का खूब मजा।

अब भटक रहे हैं और प्रकृति अपना रौद्र रूप दिखा बाढ़ भूकंप,
अत्यधिक बरसात लाकर दे रही है सबको सजा।

अब सब सूखे कुओं में हर रोज झाँकते हैं,

सूखी, जलहीन नदियाँ को ताकते हैं,

पेड़ो के अभाव में छाया और ऑक्सीजन को तलाशते हैं

प्रकृति का बेइंतहा दोहन कर, अब मुंह लटकाए बैठे हैं,

सब कुछ प्राकृतिक खजाना कर दिया है

खाली, सोने के अंडे रोज लेने के बेइंतहा लालच में,

इंसान ने मुर्गी ही मार डाली!

अब रो रहा है, कर के अपने दोनो अपना हाथ खाली।

लालच वश "प्रकृति" का मत करो कदापि

बेइंतहा दोहन, "प्रकृति" ईश्वर की अनुपम मूल्यवान देन हैं और है
सबसे बड़ा धन।

- प्रेमराज सिंह त्यागी

* * * * *

हार-जीत

हर इंसान के जीवन में सुख-दुख और हार जीत का लगा रहता है आना जाना,

जिस वक्त जीवन पथ पर जो भी मिले, लेना ही पड़ता है, नहीं चलता है कोई भी बहाना।

इंसान अगर हार से हार कर बैठ जाए तो खूब मजाक बनाता है यह कलयुगी जमाना,

गर तुम हार को ढाल बनाकर, जीत की जंग को जीत लोगे, देखता रह जायेगा यह सारा जमाना।

जो भी निर्धारित लक्ष्य तुम्हें पाना है उस लक्ष्य पर केंद्रित करो अपना पूरा ध्यान,

सतत शनै शनै आगे बढ़ते जाओ, कदापि ना देखो पीछे मुड़कर, रहे बस इस बात का ज्ञान।

जीवन पथ कभी मिलता है ऊबड़खाबड़ और कभी मिलता है एकदम समतल,

धैर्य और हौंसले को रख, बस कदम कदम बढ़ते ही जाना, मिल जायेगा हर समस्या का हल।

अहंका, ईर्ष्या को दूर फेंक, समरसता और प्यार से करना है सबसे सदव्यवहार,

ईमानदारी सादगी और अनुशासन का रास्ता पकड़ चलने से, जरूर मिलेगा सम्मान और प्यार।

मेहनत और आत्मविश्वास को मन मे संजोकर, तुम्हें आसमानी सफलता को पाना है,

कितने भी तूफां या अंधेरे क्यो ना आये, आत्मबल से जीत का मार्ग अवश्य बनाना है।

गर मिले हार, जीत पाने हेतु, संकल्पित प्रयास करने से, जीत का अभियान एक दिन सफल हो ही जाएगा,

जीत की मशाल जलाकर हिम्मत से निकलो, बुलंद होंसला, जीत का रास्ता खुदबखुद अवश्य बनाएगा।

प्रकृति का नियम तो देखो, पतझड़ बाद, हरा भरा पल्लवित, पुष्पित, सुरभित वसंत जरूर आता है,

विषम परिस्थितियों से करो डटकर मुकाबला, खुशियां लौटेंगी, वसंत हमे यही बतलाता है।

हर हार के आगे जीत है, हार से निर्भीक बन, जीत का स्वागत कर, उसे सप्रेम गले लगाना है,

निराशा को पीछे छोड़, मेहनत से जीवन बगिया में सफलता और खुशियों के सुरभित फूल खिलाना है।

- प्रेमराज सिंह त्यागी

* * * * *

36

कर्ज

आजकल बड़ी अहम भूमिका निभा रहा है हर इंसान के जीवन में "कर्ज"

इस जीवन की आपाधापी में, लोगों और बैंकों से कर्ज लेना बन गया है एक तरह का मर्ज।

विकास के साथ लोगों की बढ़ी है आमदनी, पर बेइंतहा खर्चों ने भी तोड़ डाली है कमर,

इतना आसान और सरल नहीं रह गया है, आजकल इंसान के जीवन का सफ़र।

हमारे पूर्वज बुजुर्ग किसी से, कहीं से भी कर्ज लेने को मानते थे बहुत ही ख़राब,

वे कहते, थोड़े में ही संतुष्ट रहना अच्छा, मत देखो कदापि महंगे बंगले गाड़ी लेने के ख्वाब।

उनकी नेक सलाह थी कि अगर लेना ही पड़े मजबूरीवश किसी से कभी कुछ कर्ज,

अपनी औकात से अधिक मत लेना, वरना निभाना मुश्किल होगा उसे वापस अदा करने का फर्ज।

कहावत सही और बिल्कुल सटीक बैठती है कि कि तेते पांव पसारिये जेती लांबी सौर,

अन्यथा कभी खत्म नहीं हो पायेगा जीवन में, चिंता तनाव और मुश्किलों का दौर।

अपनी आर्थिक क्षमताओं, जिम्मेदारियों को बखूबी ईमानदारी से विश्लेषण और पहचान कर ही, कोई कर्ज लेने की सोचें,

जल्दबाजी में बिन सोचे समझे, मात्र दुसरो को दिखाने हेतु, कर्ज लेने के निर्णय पर कभी भी ना पहुंचे।

देखादेखी प्रतिस्पर्धा वश कुछ लोगों के सर पर बेहिसाब कर्ज लेने का भूत सर चढ़कर बोलता है,

जब सही वक्त पर उसे अदा करने की बारी आती है, चिंता तनाव से उनका दिन रात खून खोलता है।

माना कि आमदनी अनुसार, कर्ज लेना जिंदगी के विकास और खुशहाली में होता है मददगार,

पैसों वक्त पर मिलने से, काम पूरे हो जाते हैं और इंसान हो जाता है खुशियों के घोडे पर सवार।

सब बस इतना ध्यान जरूर दें, लिया गया कर्ज ना बन जाये एक दिन लाइलाज खतरनाक मर्ज,

जीवन को मंगलमय और खुशहाल बनाने हेतु ना भूले, कर्ज को सही वक्त पर अदा करने का अपना नैतिक फर्ज।

- प्रेमराज सिंह त्यागी

* * * * *

37

संवेदना

दुनियां की भागमभाग में, दुनियां के झमेले में, वेदना के महासागर में, खो सी गई है इंसान की संवेदना,

कोई मरे गिरे, दुःखो के पहाड़ टूटकर गिरे, कहाँ होती है आजकल किसी को इस संबंध में कोई वेदना।

मैं तुम्हारे दुःख देखूं सुनूँ, तुम मेरे, और एक दूसरे का माने बार बार आभार,

आजकल संवेदनशील होने में बनावट सी है, लगता है जैसे बन गया हो यह स्वार्थ से भरा व्यापार।

संवेदना सच्चे दिल दिमाग को कहां छूती है, भागती है किसी की वेदना को देख बहुत दूर,

इंसान खुद के दुख दर्द को अकेले ही ढो रहा है, क्योंकि संवेदना होती जा रही है बहुत क्रूर।

इंसान को किसी के दुख दर्द परेशानी का सच्चा निस्वार्थ एहसास हो, तभी तो वेदना बन सकती है संवेदना।

इंसान अगर किसी की मुश्किलों में आगे बढ़कर मददगार बनता है तो भला उसे कैसे करेगा कोई मना।

किसी की वेदना का तीव्र प्रभाव जब तक स्वाभाविक रूप से, इंसान के दिल को ना करे पूरी तरह स्पर्श,

तब तक दुखदर्द से ग्रस्त इंसान, कैसे उस मुश्किल से उभरेगा और महसूस करेगा हर्ष।

संवेदनहीनता वाकई इंसान को बना डालती है पूरी तरह पशु सम, पत्थर या जड़,

उसे बस निजहित से होता है सरोकार, ना जाने से किस बात की रहती है उसे अकड़।

पारस्परिक सहयोग और संवेदना से समाज मे बनता है सौहार्द, उल्लास और शांति का वातावरण,

अच्छा हो अगर, इंसान एक दूसरे के विषम हालातो, दुखदर्द में संवेदनशील बन, चिंताओं और असुरक्षा का करें हरण।

इंसान इस धरा पर सर्वाधिक बुद्धिमान सामाजिक प्राणी है, निहायत जरूरी है उसका होना संवेदनाओं से भरा,

संवेदना सुंदर सद्गुण है, इसको धारण कर उसको मिलता है मान सम्मान और वह हर कसौटी पर उतरता है खरा।

- प्रेमराज सिंह त्यागी

* * * * *

38

क्रोध

"क्रोध" इंसान को बिना आग के ही कर डालता है पूरी तरह भस्म,

दिमाग मंद पड़ जाता है, इंसान भूल जाता मर्यादा, नियम, रीति रिवाज और रस्म।

क्रोध में अहंकारी इंसान का अहंकार खूब बढ़चढ़कर बोलता है,

अचानक भृकुटि तन जाती है और उसका खून जबरदस्त खोलता है।

बेइंतहा क्रोध में इंसान की वाणी बन जाती है विषैली धारदार कटार,

उस वक्त बोला गया हर एक शब्द दिल दिमाग के हो जाता है आरपार।

"प्रचंड क्रोध" कर देता है अविलंब अपने खास सामाजिक, पारिवारिक रिश्तों का भी खून,

मुरझा जाते हैं सारे उमंग और खुशियां रूपी पल्लवित सुरभित प्रसून।

अत्यधिक क्रोध में इंसान खो डालाता है अपना पुरी तरह आपा और
सारी सुधबुध,

सफलता और मान सम्मान पाने के सारे रास्ते हो जाते हैं एकदम
अवरुद्ध।

ऐसी हो कोई खास खोज कि इंसान अपने क्रोध का खुद ही करे
घोर विरोध,

क्रोध करने से पहले ही उसे क्रोध जनित दुष्परिणामो का हो जाये
सही बोध।

क्रोध में इंसान आगबबूला हो, अपने और दूसरों के घरों में लगा
देता है प्रचंड आग,

क्रोध बहुत खतरनाक मानसिक विकृत कीड़ा है, जैसे खतरनाक
होता है विषैला नाग।

इंसान को हर सम विषम परिस्थितियों में बहुत जरूरी है करना
अपनी जुबान और मन पर नियंत्रण,

अन्यथा पैदा होनी निश्चित है दुश्मनी, अराजकता, अशांति, विद्रोह
और बेइंतहा अनबन।

कहने को तो क्रोध करना लोगो को लगता है बहुत ही आसान और
साधारण,

पर शायद उन्हें नही मालूम, क्रोध कर लेता है सुख शांति और
स्वास्थ्य का पूरी तरह हरण।

क्रोध मर्यादित हो, क्रोध से कदापि ना पनपे घर, समाज मे दुश्मनी,
बदले की भावना और ईर्ष्या की कोई ज्वाला,

अन्यथा इंसान का जीवन जीना हो जायेगा एकदम मुश्किल और
खाना दो वक्त का निवाला।

ध्यान रहे क्रोध भयंकर मानसिक रोग है, उसे ना पनपने देना ही
हमारा नैतिक फर्ज है,

कुछ बोलने, कहने से पहले क्रोध के दुष्प्रभावों को सोचे समझे, बस
यही हमारी सबसे अर्ज है।

- प्रेमराज सिंह त्यागी

* * * * *

39

सादगी

दुनियां प्रतिस्पर्धा वश दिन रात अत्यधिक दिखावे के पीछे पड़ी है,

उन्हें शायद नहीं पता, इस दिखावे में तनाव और चिंता बेशुमार बड़ी है।

अपनी धनदौलत गाड़ी बंगला और पहनावा दिखाए बिना, उन्हें नही आता है जरा भी चैन,

इस प्रदर्शन को करने में लगती है बहुत ताकत, फिर वे हो जाते हैं बहुत अधिक बेचैन।

सादगी पसन्द इंसान सर्वत्र पाते हैं अत्यधिक प्यार सत्कार और मान सम्मान,

सादगी व्यक्तित्व के सुंदर आभूषण है, सबको रहे इस बात का खास ध्यान।

सादगी सही सोच, तरक्की और खुशहाली का सुंदर मार्ग करती है प्रशस्त,

सादगी अनावश्यक खर्चा को कम करती है और इंसान रहने लग जाता है मस्त।

अनेक महापुरुषों और संतो ने सादगी को खुश होकर अपने जीवन
मे अपनाया है,

उन्होंने विश्वपटल पर बेइंतहा प्यार, यश और मान सम्मान पाया है।

अनेक सज्जनों के दैनिक कार्यो और रहन सहन में सादगी बखुबी
झलकती है,

उनके विचारों में सरलता और वाणी में मधुरता, उनके जीवन मे
खूब फलती है।

ऐसे महापुरुष विलासिता पूर्ण जीवन के दिखावे से रहते हैं बहुत
अधिक दूर,

वे अपने नियमों, संकल्पों और आत्मविश्वास से भरे होते है, कोई
नहीं कर सकता है उन्हें मजबूर।

जीवन में प्रदर्शन या दिखावे के लिये उनके जीवन में नही होता है
जरा भी कोई स्थान,

वे हर पल करते हैं आत्मसंतुष्टि समरसता, भाईचारे और प्रेम को
अपने व्यक्तित्व में समाहित, फिर बन जाते हैं महान।

इंसान की सादगी और सही सोच इंसान को कोई भी गलत काम
करने से हर हाल में रोकती है,

जबकि दिखावा करने की विकृत सोच, उसे क्रोध, भरष्टाचार और
ईर्ष्या रूपी भट्टी में झोंकती है।

सादगी पूर्ण जीवन अपनाने से कोई इंसान कदापि नहीं हो जाता है
गौण, छोटा या गरीब,

बल्कि उसकी कीर्ति पताका सर्वत्र फहरती है और वह समाज के आ
जाता है बहुत करीब।

जीवन में सादगी सरलता और विचारों में तरलता, इंसान को हर हाल में दिलाते है प्यार सत्कार और सफलता।

सादगी पूर्ण इंसान का हर एक सद्गुण बीज उसके सद्कर्मो की सुरभि के साथ जीवन पथ के कण कण में है फलता।

अपने जीवन की हर सम विषम परिस्थिति में, हर कोई सादगी सरलता को खुश होकर अवश्य ही अपनाये,

परिणामस्वरूप अपार खुशियों, सुख शांति, प्यारऔर चिंता-तनाव रहित जीवन पाये।

- प्रेमराज सिंह त्यागी

* * * *

40

चरित्र

"चरित्र" जीवन की सर्वोत्तम, उत्कृष्ट, अनुपम अमूल्य निधि है,

जीवन को सुख शांति और खुशियों से भरने की बेहतरीन विधि है।

जिस इंसान का जैसा होता है व्यक्तित्व और चरित्र,

उस इंसान के वैसे ही होते हैं सारे संगी साथी और मित्र।

सद्‌चरित्र, सफलता और खुशहाली के द्वार खोलने की कुंजी है,

हर हाल ने अपना सद्‌चरित्र कायम रखना, उत्कृष्ट पूंजी है।

स्वास्थ्य और धन के खो जाने पर इंसान थोड़ा बहुत ही खोता है,

अगर इंसान दुश्चरित्रता का कर ले वरण, वह फिर आजीवन रोता है।

सद्‌चरित्र, इंसान की सफलता के नए नए आयाम निरन्तर बनाता है,

वह जीवन मे यश और मान सम्मान पाकर, बेइंतहा खुशियां मनाता है।

सद्‌चरित्र ही इंसान के जीवन का सर्वाधिक सुंदर अलंकार है,

जो दिलाता इंसान को सब जगह बेइंतहा सत्कार और प्यार है।

जीवन मूल्य और संस्कार ही हैं, चरित्र निर्माण की मजबूत आधारशिला

परिणास्वरूप इंसान की जीवन बगिया में रहता है हरदम हर एक फूल खिला।

गर इंसान चरित्र को अनदेखा कर, चलता है अपने जीवन पथ पर,

निश्चित ही वह दिशा भ्रमित हो, पथ आंसुओं भर देगा, रो रोकर।

चाहे कुछ भी खो जाए, किसी भी परिस्थिति में अपने चरित्र को कभी नहीं खोना है,

चरित्र खोकर, अपने जीवन पथ मुसीबत रूपी कांटो को नहीं बोना है।

चरित्र ही है जो इंसान को देता है होंसला, सफलता और भरपूर ऊर्जा,

उसके अभाव में इंसान की जीवन की गाड़ी का मुश्किल है सही ढंग से चलना हर पुर्जा।

- प्रेमराज सिंह त्यागी

* * * * *

41

संतोष

"संतोष", जीवन के सुख-शांति की है मजबूत और सुंदर आधारशिला,

वे हमेशा दुःखी रहते हैं जो करते हर चीज की जबरदस्त तुलना और हमेशा गिला।

"अधिक और अधिक" की तीव्रतम चाह, इंसान को बना देती है तनावग्रस्त,

दिन रात वह पागल सा बना लगा रहता है और ऊर्जा हो जाती है एकदम पस्त।

कोई संपूर्ण नहीं है, हर किसी के जीवन में किसी ना किसी चीज का होता ही है अभाव,

इंसान अगर सुख-शांति और उल्लास चाहता है बना ले वह अपना संतोषी स्वभाव।

खुद के मन को नियंत्रित कर, जरूरी है कसनी, तीव्र लालच पर सख्त लगाम,

असीम इच्छाओं को अगर उबरने दिया, जीवन जीना हो जाएगा एकदम हराम।

कौआ, बगुले का मनमोहक श्वेत रूप देख, बहुत होता है परेशान,

बगुला, तोते और मोर को रंगबिरंगा देख अत्यधिक होता है हैरान।

दूसरों के ऐशोआराम और सुविधाओं को देख, इंसान खुद का आपा अविलंब खोता है,

दूसरों को सुखी और मस्त देखा, अपने सुख शांति से भरे पथ में कांटे बोता है।

अमीर या बड़े लोग अंदर से सुखी और मस्त ही हों यह कदापि जरूरी नहीं,

उनको भी खुद की दूसरों से तुलना करने की आदत, कचोटती है कहीं ना कहीं।

महापुरुष कहते हैं, "संतोष" से अच्छा इस दुनियां में कोई भी नहीं है धन,

इंसान जब असंतोषी बन जाता है, बहुत दुखी और चिंतामय रहता है उसका चंचल मन।

"संतोष" करता है सदा इंसान का मंगलमय, और चिन्तामुक्त रास्ता प्रशस्त,

जो संतोष को ताक पर रख जीवन जीते हैं, उनकी खुशियों का सूर्य हो जाता है अस्त।

"संतोष' इंसान के व्यक्तित्व में ऊर्जा भर, जीवन मे भर देता है अपार खुशियां और उमंग,

जीवन पथ हो जाता है प्रकाशित, बिखर जाते हैं चमकते दमकते इंद्रधनुषी रंग।

अगर इंसान सद्कर्म और सदव्यवहार करते हुए, रखता है सदा अपना संतोषी मन,

उसको मिलता है मान सम्मान और किसी से नहीं होती है कोई अनबन।

अच्छा है अगर इंसान अपने अपने व्यक्तित्व में करे, सद्गुणों के साथ संतोष गुण को भी समाहित,

देखना उसका जीवन हो जाएगा मंगलममय, और समाज का हित भी होगा उसमें, पूरी तरह निहित।

- प्रेमराज सिंह त्यागी

* * * * *

42

वाणी

व्यक्तित्व का बहुत कुछ मूल्यांकन करते है इंसान के बोले गये शब्द और वाणी,

उसकी कर्कश और मधुर शब्दों, आवाज से अच्छी तरह पहचाना जाता है हर प्राणी।

अगर कभी इंसान की वाणी बन जाये असहनीय जहरीली अग्नेय बाण,

वह किसी भी इंसान के कहीं भी ले सकती है पल में निश्चित ही प्राण।

महापुरुष कहते हैं कि जब जहां जो भी बोलो, तोल मोल कर ही बोलो,

बिन सोचे समझे कहीं कभी भी अपना मुंह बिल्कुल मत खोलो।

लोग "कोयल और कौआ" को उनकी आवाज से ही तो पहचानते हैं,

कौन है मीठा सौम्य और कौन है चतुर कड़वा, सब बखुबी जानते हैं।

इंसान की वाणी अगर संतुलित मधुर शब्दो के अमृत से है होती है सराबोर,

उसकी प्रशंसा और ख्याति की बातें, तीव्र गति से फैल जाती है चहुं दिशा ओर।

कुछ अजीब दुष्प्रवृत्ति के लोग अपनी चिकनी चुपड़ी बातों से दूसरों का काट देते हैं गला,

ईश्वर सब देखता है उन दुष्ट मानसिक रोगियों का कभी नहीं होता है भला।

ऐसे मनोविकारों से भरे लोगों से सच्चे इंसान को हर क़दम पर रहना होगा पूर्ण सावधान,

अन्यथा वे निजहित हमेशा तैयार रहते है, काम मे डालने को अत्यधिक व्यवधान।

मीठी बोली वाणी वाले लोग हर जगह दुनियां को बेइंतहा सुहाते हैं,

कर्कश कटु शब्दो को जो नित सबको बोले, वे किसी को जरा भी नहीं भाते हैं।

सुमधुर शब्द, वाणी रिश्तों की जड़ो को नियमित रूप से रखते है पूर्णरूप से जीवंत,

सुमधुर वाणी इंसान की सुख शांति, शीतलता और खुशहाली का कभी नहीं होने देती है अंत।

- प्रेमराज सिंह त्यागी

* * * * *

43

भ्रष्टाचार

जिधर देखो उधर लगभग हर क्षेत्र में भ्रष्टाचार का खूब बोलबाला है,

समझ नहीं आता, कुछ लोग ना जाने क्यो करते भ्रष्टाचार से अपना मुंह काला है।

व्यापारी हो या नौकरी पेशे वाला, हो गये हैं बहुतों के भ्रस्ट आचार विचार,

कायदे कानून का पालन कर, धन अर्जन करना तो उनको लगता है एकदम बेकार।

कुछ लोग तो शादी रिश्ता तय करते वक्त पूछते हैं कि लड़के की कितनी है ऊपर की कमाई,

तभी बनाने को तैयार होते है वे उस लड़के को अपनाघर जवांई।

कुछ लोग सफेद पोस बने घूमते हैं पर काले धन कमाई पर रहती है उनकी नजर,

दिन रात करते हैं भ्रष्टाचार, मेज के नीचे या ऑफिस के बाहर बचाकर सबसे नजर।

मेहनत किये बिना वे चाहते है शॉर्ट कट गंदे रास्ते से हरदम काला धन कमाना,

वक्त, इंसान के हर कर्म का हिसाब करता है, पकड़े जाने पर, उन्हें देखता है सारा जमाना।

वे भ्रष्टाचार कर काला धन कमाने का हर वक्त ढूंढते है अच्छा मौका,

मौक़ा मिलते ही वे काले धन पर टूट पड़ते हैं और लगा देते हैं छक्का चौका।

ना जाने उनकी बुद्धि, पद सम्मान, संस्कार, राष्ट्रभक्ति आदि उस वक्त, क्यों नही आते हैं काम,

"ईमानदारी नैतिकता" को ताख पर रखने से, उनकी इज्जत का हो जाता है पूरा काम तमाम।

चाहे सड़कें पुल टूटे और काम की गुणवत्ता निम्नस्तरीय हो, उनको इस बात से जरा भी नहीं पड़ता फर्क,

जब उनके इन निम्न स्तरीय गंदे कामो की उच्च स्तरीय जांच होती है, उनका जीवन बन जाता है नर्क।

जमीन पर पैर रख जीवन जीने के बजाय, आसमान पर रहना ही शायद उन्हें बहुत भाता है,

तभी तो भ्रष्टाचार के धन से उन्हें, अपना ऐशो आराम हेतु भव्य महल बनाना दिमाग मे आता है।

भ्रष्टाचार हमेशा, समाज और राष्ट्र को हर दशा में करता है अत्यधिक कमजोर,

एक दिन ऐसा आता है जब कानून अपने लंबे हाथों से पकड़ लेता है भ्रष्टाचारियों के काले धंधों की डोर।

आजीवन कमाया सारा काला धन, उन भ्रष्टाचारियों को भेजकर ही रहता है जेल,

फिर उनकी विलासिता भरे आनन्द, सुख शांति का खतम हो जाता है गंदा खेल।

इंसान को चाहिए, वह जो भी काम करे, ईमानदारी और तहे दिल से मेहनत से ही करे,

भ्रष्टाचारी किसी से डरे या ना डरे पर वह कम से कम उस परम पिता परमात्मा से तो डरे।

- प्रेमराज सिंह त्यागी

* * * * *

44

स्वास्थ्य

इंसान का "अच्छा स्वास्थ्य" ही उसका सबसे बड़ा उपयोगी धन है,

खराब स्वास्थ्य होने पर, किसी काम में नहीं लगता इंसान का मन है।

दिन रात अपने काम में कितने भी क्यों न रहो तुम अत्यधिक व्यस्त,

रहना सीख लो पूर्ण मस्त, अन्यथा जीवन हो जाएगा पूरा अस्तव्यस्त।

जो इंसान नही देता है कदापि अपने स्वास्थ्य पर जरा सा भी ध्यान,

उसकी सुख शांति हो जाती है छूमंतर, रहता है वह बेइंतहा परेशान।

इंसान दिन रात मेहनत कर खूब धन दौलत तो कमाता है,

स्वास्थ्य पर नही देता ध्यान, सारा धन इलाज हेतु, डॉक्टर अस्पताल को दे आता है।

मानसिक और शारिरिक स्वास्थ्य दोनो ही स्वस्थ और सुंदर होना बहुत जरूरी है,

पॉजिटिव सोच और सही खानपान रखने से, लक्ष्य प्राप्ति की इच्छा
हो जाती पूरी है।

स्वास्थ्य खराब हो जाने पर, दैनिक कार्यों में पड़ता है अत्यधिक
व्यवधान और दुष्प्रभाव,

इंसान को अच्छे स्वास्थ्य के अभाव में, मालूम पड़ता है स्वास्थ्य
का असली भाव।

हर रोज नियमित रूप से कम से कम एक घण्टे एक्सरसाइज, योग
और वाकिंग करना निहायत जरूरी है,

आजकल इंसान सूर्योदय भी नही देख पाता, बस सोता रहता है, ना
जाने उसकी क्या मजबूरी है।

इंसान को "प्रकृति और सच्चे मित्रो" का साथ कदापि नहीं चाहिए
छोड़ना,

वह सीखे, खुद को, अच्छे पथप्रदर्शक विषयो और सत्संग से
जोड़ना।

इंसान जीने के लिये खाये, मात्र खाने के लिये कदापि ना जिये,

स्वास्थ्य को अच्छा रखने का ले संकल्प, कदापि दुर्विचारों, अपथ्य
भोजन का जहर ना पिये।

"तंदुरुस्ती हजार नियामत" यह महापुरुषों द्वारा कही गई, बहुत
सटीक सुंदर है पुरानी कहावत,

अपने स्वास्थ्य को हर हाल में रखो सुन्दर, स्वस्थ अन्यथा खड़ी
हो सकती है जीवन में बड़ी आफत।

- प्रेमराज सिंह त्यागी

* * * * *

सदव्यवहार

हमारा "सदव्यवहार" कई बार

अच्छा साबित होता है हमारे सम्पूर्ण ज्ञान से,

विषम परिस्थितियों में ज्ञान हार जाता है, इंसान जीत जाता है
अगर सदव्यवहार करे पूरे ध्यान से।

"सदव्यवहार" इंसान के सुंदर मनमोहक व्यक्तित्व का होता है
साफसुथरा सुंदर दर्पण,

वह इंसान के सद्गुणों को जगजाहिर करता है, सबको सहयोग और
प्यार करता है अर्पण।

"सदव्यवहार" संस्कार जनित होता है, बनाता इंसान की समाज में
अलग खास पहचान,

सब करते है उसके गुणों की हर जगह चर्चा और देते हैं उसे पूरा
मान सम्मान।

"सदव्यवहार" इंसान के संघर्षमय जीवन को बनाता है खुशनुमा और
एकदम आसान,

जो करता है सबसे दुर्व्यवहार, उसकी सर्वत्र होती है निंदा और रहता है वह अत्यधिक परेशान।

जिसने भी सद्गुणों को आत्मसात कर, किया है सबसे सहयोग और सदव्यवहार,

उसने जीता है सबके दिलों को, नही मिली उसे कभी भी जीवन में हार।

किसी मुसीबत के आ जाने पर भी, लोगों ने उसके सदव्यवहार के हमेशा गुण गाये हैं,

उसकी हर मदद करने की खातिर, वे सबसे पहले बढ़चढ़कर उसके साथ आये हैं।

"सदव्यवहार" समाज मे सुख, शांति, अपनापन, भाईचारा और सौहार्द पैदा करता है,

दुर्व्यवहार करने वाला इंसान रहता है हमेशा तनावग्रस्त, हरपल जिंदा ही मरता रहता है।

"सदव्यवहार" सदा हर कसौटी, हर सम विषम परिस्थिति में उतरता है एकदम खरा,

वह जीवन बगिया को रखता है पल्लवित, पुष्पित, सुरभित और पूरी तरह हराभरा।

इंसान को किसी भी हाल में 'सदव्यवहार' करना कदापि नही छोड़ना चाहिए,

अपने सदव्यवहार, सद्गुणों, सहयोग और प्रेम से सबको अपने साथ पूरी तरह जोड़ना चाहिए।

- प्रेमराज सिंह त्यागी

* * * * *

46

संस्कार

आजकल होते जा रहे हैं संस्कार, जीवन मूल्य विहीन बहुत से बच्चे,

तकनीकी और विज्ञान पढ़कर भी, रह जाते वे नैतिक ज्ञान में एकदम कच्चे।

बड़ी डिग्रियां पद पाकर वे लाखों धन तो कर लेते हैं अर्जन,

पर पता नहीं कहाँ चूक हो जाती है, जीवन मूल्यों का नहीं कर पाते वे सृजन।

संस्कार और जीवन मूल्य ही तो सही सुखी सफल जीवन का होते हैं आधार,

इन सबके अभाव में वे अमर्यादित कर्म कर, धरती पर बन जाते है फालतू भार।

नैतिक शिक्षा हर इंसान के जीवन को सफल बनाने में होती है बहुत ही उपयोगी,

संस्कार विहीन इंसान हर प्रकार से बना रहता है आजीवन मानसिक रोगी।

माता पिता आरंभिक जीवन से ही बच्चो को सिखाये नैतिकता का सुंदर पाठ,

बिन जीवन मूल्यों के, सब बेकार है बस अकूत धन कमाकर, करवाना बच्चो से ठाठ।

बच्चे कितना भी बड़ा पद पा, बना ले आलीशान मकान और ले आये महंगी कार,

अगर संस्कारों को जीवन मे नही ढाला, सब कुछ हो जाएगा एक दिन बेकार।

संस्कार और जीवन मूल्य, इंसान को हमेशा गलत कर्म करने से रोकते हैं,

गर जरा भी रास्ता भटक जाए तो नैतिक मूल्य इंसान को अविलंब टोकते हैं।

संस्कार इंसान को सदा आगाह करते हैं जीवन मे उठाने से कोई भी गलत कदम,

संस्कार एक अच्छा अचूक कर्म नियंत्रक बन, इंसान को सचेत करते हैं हरदम।

अगर इंसान ने अपने व्यक्तित्व में समाहित कर कर लिए जीवन मूल्य और संस्कार,

वह रहेगा सदा सुखी सफल और पायेगा सामाजिक मान सम्मान व अत्यधिक प्यार।

- प्रेमराज सिंह त्यागी

* * * * *

47

अहंकार

ना जाने यह कलयुगी इंसान किस बात का करता है इतना अधिक अहंकार,

वह नासमझ अज्ञानी है, अहंकार खराब कर देता है जीवन संसार।

"ईर्ष्या और स्वार्थ" ने इंसान को रखा है अपने पंजो में बुरी तरह जकड़,

तभी तो इंसान अहंकार वश सब जगह दिखाता है अपनी अकड़।

सरलता, सादगी और सहिर्दयता जीवन को बनाते हैं बेइंतहा आसान,

अहंकार से बुरी तरह ग्रस्त, इंसान रहता है हरदम अत्यधिक परेशान।

अहंकार वश इंसान खो देता है अपने दिल दिमाग पर पूरा नियंत्रण,

जीवन भर जाता है दुख से, हरपल तनावग्रस्त रहता है उसका मन।

दूसरों को नीचा दिखाने और खुद को बड़ा समझने की बड़ी भूल करता है इंसान,

अहंकार ही इसका मूल कारण है, उजाड़ देता है उसका सुखी जहान।

इंसान को हर प्राणी मात्र से करना चाहिए सहयोग और सच्चा प्यार,

अहंकार, ईर्ष्या का त्याग करते ही, उसके जीवन में आ जायेगी वसंत बहार।

अहंकार, गंदा विकार है, करा देता दंगा फसाद, उजाड़ देता गांव के गांव और शहर।

संवेदनशील और धैर्यवान इंसान के जीवन मे प्रवाहित होती है हमेशा खुशियों की लहर।

अहंकार जीवन की सुख शांति और खुशहाली का है खतरनाक दुश्मन,

सामाजिक रिश्तों में आ जाती है कड़वाहट और खतम हो जाता है अपनापन।

शपथ लें कि अहंकार, ईर्ष्या और दुर्विचारों को जीवन मे कदापि नहीं देंगे कोई स्थान,

तभी हो पायेगा जीवन इंद्रधनुषी मंगलमय और सर्वत्र मिलेगा मान सम्मान।

- प्रेमराज सिंह त्यागी

* * * * *

48

मुस्कराहट

इंसान के चेहरे पर हो अगर खिलिखिली मुस्कराहट,

फिर नहीं होती है जीवन पथ पर किसी दुखदर्द की आहट।

खुशियों के पलों में छलकती है अत्यधिक मुस्कान,

निराशा और तनावग्रस्त जीवन में आशा का दीपक जलाती है मुस्कान।

घोर अंधरे में सुर्य रश्मि बन जाती है मुस्कान,

नीरस दुनिया में गजब का हौसला देती है मुस्कान।

अलंकृत रंगबिरंगी खिलिखिली होती है उजली सी मुस्कान,

सबको सदा सुकून भरे दिल की खुशी का देती है सुखद पैगाम।

जीवन में सुख दुख, हानि लाभ और हार जीत तो लगे रहते हैं,

जो हर हाल में चेहरे पर मुस्कान कायम रखते है, वे ही सदा जग में सुखी रहते हैं।

मुस्कान, जीवन पथ करती है प्रकाशित और करती है ऊर्जा का संचार,

इंसां को मिलती है हिम्मत, मिलता है सभी से सहानुभूति, सहयोग और प्यार।

- प्रेमराज सिंह त्यागी

* * * * *

आत्मसुधार

अगर हर कोई इंसान कर ले खुद का मूल्यांकन और आत्म सुधार,

जग में फिर कदापि नहीं होगा कोई दुष्कर्म और अत्याचार

मां बाप को बचपन से ही बच्चों में भरने होंगे अच्छे संस्कार,

तभी रुकेंगे समाज मे अनैतिकता, अपराध और अनाचार।

संस्कारित बच्चे दानवता से लडेंगे और कदापि अन्याय नहीं सहेंगे

वे सत्यपथ पर चलकर, सफलता और सत्यता की कहानी कहेंगे।

इंसान बिंदास अहंकार का लबादा ओढ़, सबकी निंदा और आलोचना तो खूब करता है,

पर शायद ही कभी अपने व्यक्तित्व की कमियों को खोज, उनमें कोई सुधार करता हैं।

इंसान वही होता है, अंतर बस उसकी सही और गलत सोच का होता है,

विकृत मानसिकता वाला इंसान, समाज, परिवार के लिये लाइलाज रोग होता है।

इंसान अगर शांति से धैर्य रख, खुद के व्यक्तित्व के बारे में करे
ईमानदारी से चिंतन मनन,

निश्चित ही होगा समाजोत्थानर और आपराधिक दुष्प्रवृत्तियों का
हो जाएगा दमन।

सारा मसला इंसान की सोच का ही तो है, विचारों से ही इंसान का
बनता है जीवन पथ,

खुद उसका और समाज का स्वास्थ्य सुधर जाएगा, अगर वह सही
सोच रखने की ले ले शपथ।

- प्रेमराज सिंह त्यागी

* * * * *

50

जीवन

जिंदगी नहीं है मात्र बेइंतहा धनदौलत कमाकर, विलासिता पूर्ण जीवन जीना,

जीवन में सुख-शांति असंभव है, प्रेम, सहयोग, अपनेपन और सच्चे प्यार बिना।

आसमान से चाहे तारे तोड़ लाना पर जर्मीं पर रखे रखना तुम अपने कदम,

गर अहंकार, ईर्ष्या को साथ लिया, तो निकल जायेगा सुख शांति का पूरा दम।

धैर्य, सादगी, संवेदनशीलता, ईमानदारी और आत्मबल जीवन बगिया में लाते हैं बहार,

जिधर जाते हो उधर मिलता है हार्दिक मान सम्मान और बेइंतहा सच्चा प्यार।

जीवन को मन भर के जियो, मत जिओ मन मे दुर्विचारों, ईर्ष्या और अहंकार को भरकर,

हार-जीत, नफा-नुकसान जीवन के अभिन्न हिस्सा है, फिर क्यो जीना है किसी से डरकर।

जीवन पथ में अवश्य आएंगे कभी आसान तो कभी अत्यधिक कठिन मोड़,

तुम संकल्पित हो, आत्मबल से बस चलते जाना, अपनी हिम्मत को मत देना छोड़।

जीवन पथ कभी मिलेगा ऊबड़खाबड़ तो कभी मिलेगा एकदम समतल,

अगर आपने अपने हौंसले को जिंदा रखा, मिल जाएगा तुम्हे, हर समस्या का हल।

- प्रेमराज सिंह त्यागी

* * * * *

51

मजदूर

माना कि मैं हूँ,

अदना सा मजदूर,

पर नहीं हूं जरा भी मजबूर।

अथक मेहनत, ईमानदारी और सादगी मेरे जीवन के हैं अति
शोभनीय अलंकार,

रूखी सुखी रोटी खाकर भी सदा सुखी रहता है मेरा भरा पूरा
परिवार।

बहुत कम सुविधाओं में भी आता है मुझे अच्छी तरह से जीवन
जीना,

दिन रात, अमीरों की सुख शांति के लिये मैं एक करता हूँ अपना
खून पसीना।

मुझे अपनी नहीं, अमीरों के सुख चैन की रहती है दिन रात
अत्यधिक चिंता,

कभी सिर पर ईंटें उठाता, कभी रेती पत्थर और कभी कचरे से
प्लास्टिक बीनता।

मैं नमक की रोटी चटनी खाकर ही बेइंतहा ख़ुश रहता हूँ,

मुझे कभी दुख दर्द अभाव हों भी, तो भी किसी से कुछ नहीं कहता हूं।

मैं आप सबके विकास तरक्की को आगे बढ़ाने हेतु इस धरा पर आया हूँ,

पर मैं अपना खून पसीना दिन रात एक करके, ज्यादा कुछ नहीं पाया हूँ।

छोटे से मिले पारिश्रमिक से मैं अपने परिवार का गुजारा मुश्किल से ही चला पाता हूँ,

फिर भी मैं भीख के लिये किसी के आगे हाथ नहीं फैलाता हूँ।

बहुत ख़ुश हूँ उसमें जो भी मुझे मेरे नसीब अनुसार भगवान ने दिया है,

मुझे अपनी मेहनत पर पूरा विश्वास है, मैंने कभी कोई भ्रष्टाचार तो नही किया है।

मेहनत ही मेरी अच्छी सच्ची संगिनी साथी है जो मेरे जीवन को आगे बढ़ाती है,

मेरे परिवार के के लिये दो वक्त की रोटी और चेहरे पर मुस्कान लाती है।

मैं कोई दुष्कर्म माफियागिरी, लूट और चोरी आदि नही करता,

मैं खून पसीने की कमाई में खुश हूं, कोई भी गलत काम करने से बहुत डरता।

भव्य बंगले और गगनचुंबी अट्टालिकाओं से बहुत दूर मेरी झोंपड़ी में भी दीया जलता है,

उनमें लगी खून पसीने की मेरी अथक मेहनत से मिले पारिश्रमिक से ही मेरा परिवार पलता है।

मुझे गर्व है कि मेरे बिना कोई अमीर या फिर कोई भी विभाग नही कर सकता है विकास,

बस उनसे मेरी विनम्र विनती है, मुझे भुला न देना औए मत तोड़ देना मेरे जीवन जीने की आस।

- प्रेमराज सिंह त्यागी

* * * * *

52

शाबाश-इसरो

शाबाश-विक्रम लेंडर (चन्द्रयान-3)

ऊर्जावान विक्रम लेंडर ने वो अद्भुत बात कर दिखलाई, जो उसने अपने मन मे ठानी थी,

भीष्म प्रतिज्ञा उसने की थी, उसे तो पूरी दुनियां में अपनी धाक जमानी थी।

23 अगस्त 2023 की शाम, उसने चांद पर रख दिये अपने मजबूत कदम,

वहाँ तिरंगा फहराकर, दिखलाया, हिंदुस्तान में भी है बहुत दमखम।

इसरो वैज्ञानिकों ने दृढ़ संकल्प लिया, बस चांद पर लहराना है सफलता का परचम,

कोई अपने को विकसित कितना भी समझे, पर हम भी नहीं है किसी देश से कम।

दुनियां ने टकटकी लगाए देखा, हिंदुस्तान के वैज्ञानिकों का जोश और अतुलनीय वैज्ञानिक ज्ञान,

अब भारत आगे आगे बढ़ता ही जायेगा, बनेगा एक दिन विश्वगुरु और अति महान।

चांद के दक्षिणी ध्रुव पर लेंड कर, विक्रम लेंडर ने सबके दिलों में खुशी की ज्योति जलाई है,

भारत ने वो कर दिखलाया, जिसे करने में बाकी देशों ने, अब तक अपने मुंह की खाई है।

भारत की अंतरिक्ष मे जाकर चांद, मंगल से हाथ मिला, नए उन्नत मार्ग प्रशस्त करना नहीं है अब कोई कठिन बात,

हमारे कर्मठ वैज्ञानिक अथक रूप से करते हैं मेहनत, ताकि हो सके, सबके जीवन में खुशियों की बरसात।

हिंदुस्तान चहुँ दिशा तेज विकास कर, आत्मनिर्भरता की ओर बढ़ा रहा है अपने कदम,

अब वह बहुत जल्दी ही समृद्ध, खुशहाल, संपन्न विकसित देश बनकर ही लेगा दम।

भारत माता की बात ही अलग है, हमें मेहनत कर, रखना है उसका सदा, ऊंचा मस्तक,

उसकी ओर कोई दुश्मन आंख उठा न पाए और ना हो कभी किसी असुरक्षा की दस्तक।

इसरो वैज्ञानिकों और भारत सरकार को इस ऐतिहासिक सफलता के लिये देते हैं हम बारंबार हार्दिक बधाई,

ईश्वर से बस यही प्रार्थना, ऐसी अनेक और उपलब्धियां मिले, जैसी अभी हमने चांद पर पाई।

भारत माता की जय।

- प्रेमराज सिंह त्यागी

* * * * *